知っている人だけが得をする

コイン投資入門

誰でもできる!
宝探し感覚の
投資メソッド

Introduction to
Antique Coin
Investment

石山幸二
Kouji Ishiyama

フォレスト出版

魅惑のアメリカ・アンティークコインの世界 *1*

金貨界のロールスロイス

1795年　10ドル金貨
ドレープドバスト（スモールイーグル）

1795 Draped Bust $10 13Leaves PCGS MS65
［2014年実勢価格］1億～1億3000万円
［残存枚数］3枚

　アメリカ合衆国が独立後に発行された最初の10ドル金貨。1795年初年度製造のこのコインは、残存枚数が3枚ととても少なく、オークションに出れば壮絶な入札合戦が巻き起こる高嶺の花のコインである。

　約220年前の金貨が、いまだ右の写真のように美しい保存状態で残っているのは驚嘆すべきことで、歴代のコレクターに骨董品として大切に扱われてきた証だろう。

　表面はアメリカの象徴とも言えるリバティ（女神）、裏面は国鳥でもあるハクトウワシがデザインされ、通称"スモールイーグル"と呼ばれている。

1801年　10ドル金貨
ドレープドバスト（ヘラルディックイーグル）

1801 Draped Bust $10 PCGS MS63
［2014年実勢価格］700万～900万円
［残存枚数］37枚

　"スモールイーグル"と同世代の金貨で同じ「ドレープドバスト」の"ヘラルディックイーグル"は、裏面のイーグルが新しいデザインになっている。残存枚数も多いことから"スモールイーグル"と比べれば購入しやすい。しかしオークションでも年々数が減少し、値上がり期待の高い金貨である。

魅惑のアメリカ・アンティークコインの世界 2

アメリカ最後の1オンス金貨

1907年　20ドル金貨
セントゴーデンズ（ウルトラハイリリーフ・レタードエッジ）

1907 EX-HR Lettered Edge $20 PCGS PR69
［2014年実勢価格］3億5000万～4億円
［残存枚数］1枚

　アメリカ・アンティークコインの象徴とも言えるウルトラハイリリーフ金貨。1907年のみ発行で、発行枚数22枚のコレクター垂涎の金貨である。

　デザインしたアウグストゥス・セント・ゴーデンズは同年に亡くなっている。

　2005年と2012年にオークションにかけられ、二度ともおよそ3億円で落札された。いくらお金を持っていようと、オークションに出なければ買うことができないのもアンティークコインの悩ましくも面白いところ。非常に人気が高く、2009年に復刻版が発行された。

1907年　20ドル金貨
セントゴーデンズ（ハイリリーフ・ワイヤーエッジ）

1907 High Relief-Wire Edge $20 PCGS MS63
［2014年実勢価格］300万～350万円
［残存枚数］939枚

　"ウルトラハイリリーフ"と同年度に発行された"ハイリリーフ・ワイヤーエッジ"。一般流通していたが、銀行などでの使用の際、彫りが深くてコインを重ねられないなど実用性に難があり、1907年のみの発行に終わった。今では数百万～数千万円するコインを積み重ねようとしていたとは贅沢な話である。

魅惑のアメリカ・アンティークコインの世界

一度だけ現れた幻のインディアン

1907年　10ドルプルーフ金貨

インディアン（ロールドエッジ）

1907 INDIAN PERIODS ROLLED EDGE $10 NGC PF67
［2014年実勢価格］3億〜3億5000万円
［残存枚数］2枚

　シルクサテンのようなキメの細かい表面をしているサテンプルーフという仕上げをされたアメリカ先住民がモチーフのデザイン。エッジが丸く滑らかに仕上げられているので"ロールドエッジ"と呼称される。

　発行枚数は42枚だったが、現在残っているのは2枚のみ。2011年のオークションに一度だけ出品された。

　残り1枚は誰が持っているのだろうか？　持ち主は家宝として終生大切に保管するのか、あるいは再び日の目を見る日が来るのだろうか？　コレクターでなくても気になる1枚だ。

1926年　10ドル金貨

インディアン

1926 $10 INDIAN PCGS MS65
［2014年実勢価格］45万〜50万円
［残存枚数］370枚

　1926年をはじめサテンプルーフ仕上げがされていない、通常バージョンの10ドル金貨「インディアン」が発行されている。ニューヨーク株式市場の大暴落の3年前だ。コインには歴史の生き証人としてのロマンを感じることもできる。グレードにもよるが、10万〜20万円と手ごろな値段で購入できる。

魅惑のアメリカ・アンティークコインの世界

金貨では味わえないいぶし銀のツヤ

1795年　1ドルプルーフ銀貨
ドレープドバスト（スモールイーグル）

1795 $1 Draped Bust, Centered MS65+ PCGS
［2014年実勢価格］8000万～9000万円
［残存枚数］1枚

　金貨だけでなく、銀貨もとんでもない値段のコインがゴロゴロしているのがアメリカ・アンティークコインの魅力である。プルーフ加工された金貨に華やかな美しさを感じるのもいいが、サビが生まれていぶし銀の状態になった銀貨から歴史の経過を感じるのも悪くない。そんな日本人的な感性を、コインについては欧米人も知っているのだ。

　このコインは"スモールイーグル"と呼ばれ、4年間しか発行されていない。投資の対象といえるグレードAU55ならば300万～400万円で入手可能。ウェーブがかかった緩やかな髪のリバティが美しい銀貨である。

1798年　1ドル銀貨
ドレープドバスト

1798　$1 DRAPED BUST NGC AU55
［2014年実勢価格］140万～160万円
［残存枚数］92枚

　通常バージョンの1ドル銀貨「ドレープドバスト」は1798～1803年までのわずか6年間だけ発行されている。直径が40ミリと大きく、ズシリとした重さが魅力の大型銀貨で人気が高い。このシリーズはグレードの低いものが多いため、コレクションするならコンディションはよく確認しておきたい。

魅惑のアメリカ・アンティークコインの世界

ゴールドラッシュに沸くカルフォルニアの金貨

1851年　50ドル金貨

ハンバート

1851 $50 LE Humbert Fifty Dollar, 880 Thous. MS63 PCGS
［2014年実勢価格］6000万〜7000万円
［残存枚数］1枚

　ゴールドラッシュに沸いていたころのカリフォルニアの代表的な八角形の金貨。額面は50ドルと高額である。アメリカ合衆国大統領より、カリフォルニアで採取した金を使ってコインの製造をするように命じられたオーギュスト・ハンバートがデザインを担当した。数字はハンバート自らが手彫りで入れたと言われている。
　残念ながら1853年には製造を中止。その後、政府によってほとんどが金のインゴットにするために溶かされてしまったため、現存するコインが1枚と極端に少ない。

1852/1年（オーバーデイト）　20ドル金貨

ハンバート

1852/1 $20 Humbert Twenty Dollar MS64 NGC
［2014年実勢価格］2500万〜3000万円
［残存枚数］1枚

　「ハンバート」の20ドル金貨。こちらは丸いコイン型で裏面にはハンバートの名と政府発行の証明文が刻まれている。
　NGC社鑑定の同シリーズの金貨は残存11枚、超稀少コインの中でもトップグレードの1枚である。コレクターでなくともその美しさには目を奪わるだろう。

魅惑のアメリカ・アンティークコインの世界

入手不可能？コレクター泣かせの１枚

1860年　5ドル金貨

モルモン

1860 $5 Mormon Five Dollar MS62 PCGS
［2014年実勢価格］2500万〜3000万円
［残存枚数］1枚

　表面は湖畔にたたずむライオンと「聖なる主」という意味の文字が刻まれている。裏面は腹部に蜂の巣が描かれたイーグル。どうやらその名の通り、ソルトレイクシティを拓いたモルモン教徒と縁がある金貨らしい。

　ただ、このコインにどんな意味が込められていようと、ビジュアルから伝わるのは野生の強力なパワー。お守りには最適かも。

　PCGS社鑑定で同シリーズの金貨はトータルで40枚あり、いつの日かお目にかかれる日も来るかもしれない。とはいえ、優れたデザインのコインは誰も手放したがらないのだが……。

1850年　10ドル金貨

ボールドウィン

1850 $10 Baldwin Ten Dollar MS61 PCGS
［2014年実勢価格］4500万〜5500万円
［残存枚数］2枚

　アメリカ先住民を乗せた馬とイーグルがデザインされている。単年度発行の金貨で、翌年1851年の10ドル金貨はリバティ絵柄になってしまう。同じ10ドル「ボールドウィン」でも、リバティより馬の絵柄のほうが2.5倍の価値がある。2000年代になってからはわずか5回しかオークションに出ていない。

魅惑のアメリカ・アンティークコインの世界 7

超高値の100年前の記念コイン

1915-S年　50ドル金貨
パナマ・パシフィック

1915-S $50 Panama-Pacific 50 Dollar Round MS65 PCGS
［2014年実勢価格］2500万〜3500万円
［残存枚数］18枚

　1915年にパナマ運河の開通と、太平洋発見400周年を記念して開催されたパナマ太平洋博覧会の資金調達のために製造・販売された約100年前の記念コイン。

　直径43.2ミリ、重量83.59グラムと大型。同じ年度に八角形のコインも出たが、製造枚数が少ない丸形のほうが稀少性が高い。

　筆者はアメリカで一度このコインを手に取ったことがあるが、手にずしりとくる感触に興奮したことを今でもはっきりと覚えている。

1915-S年　2.5ドル金貨
パナマ・パシフィック

1915-S $2 1/2 Panama-Pacific Quarter Eagle MS67 PCGS
［2014年実勢価格］200万〜250万円
［残存枚数］35枚

　わずか4.18グラムでありながら、200万円の値段がついている。表面は当時のチーフデザイナーであるチャールズ・バーバーが担当。頭が馬、体が魚という神話に登場する海の怪物が荒々しい。裏面は彫金師として有名なジョージ・T・モルガンがイーグルをデザイン。2人の共演が、この高値を支えている。

まえがき

日本人の99.9％が知らない儲け話

「アメリカ・アンティークコイン投資」（以下、例外を除いて本書では「コイン投資」と表記）と聞いて、ピンと来る人はほとんどいないのではないでしょうか？

　おそらく、この本に書いてある内容は日本人の99.9％が知らないことばかりです。

　しかし、だからこそコイン投資について学んでおくのは、あなたの資産形成において間違いなく有利にはたらくはずです。

　事実、私はさまざまな投資で多くの失敗を経験してきましたが、コイン投資に出会い、比較的安全に儲けを重ねることができ、大きな手ごたえを感じました。

　「もっと早くコイン投資に出会っていれば」と何度も思ったものです。本書をお読みいただければ、みなさんも必ず同様の思いをされることでしょう。

　本書では、私が徹底的に調べ上げたコイン投資について以下のことを詳細にお伝えしていきます。

◎ なぜアメリカ・アンティークコイン投資なのか？
◎ ほかの投資と比べたときのメリット、デメリットは何か？
◎ 具体的なコイン投資の手法とは？
◎ オススメのアメリカ・アンティークコインはどれ？

3年で1億円！
しかし、そこからどん底が始まった

　ただそれを語る前に、自己紹介がてら私自身の失敗経験とコイン投資との出会いを例に、投資の基礎の基礎の部分について改めて考えてみましょう。

　私は20年間サラリーマンとして、最後の11年は年商700億円のジャスダック上場会社で働いていました。この会社には2人のカリスマ経営者がおり、彼らを見続けるにしたがい、いつしか起業にあこがれるようになりました。

　そして40歳をむかえて役職がリーダー職になったころ、私が勤めていた系列内の会社の創立10周年のパーティーで、本社のカリスマ経営者から運命的な言葉をかけられたのです。

「石山、おまえは他の人と違うことをやれ」

　じつはちょうどそのころ、私はサラリーマンとして仕事をしながら、ずっと投資関連での起業を準備していました。サラリーマンという枠を超えたときに、自分がどれだけ稼げるのかを試してみたかったのです。

　そんな折でしたから、カリスマ経営者の言葉はなかなか踏ん切りがつかなかった私の背中を押すことになりました。

　それから1カ月後の2008年の夏、会社を退社した私は経営者として新しい人生のスタートを切ったのです。「人と違うことをする」世界が自分の目の前に広がった瞬間でした。

　そして、当時ブームの始まりだったこともあり、まだ稼ぎやすかったこともあって、FX関連投資で3年間で1億円の資金を稼ぐことができたのです。

私は自分の人や物を見る目、行動力に絶対的な自信を持ち、オレはお金儲けの才能を持っているのだと１人酔いしれました。
　そして 2010 年、私は１人息子を海外へ留学させたいという思いも相まって、一足先に単身で金融の先進国であり、さまざまな投資関連の話がゴロゴロしているシンガポールに移住することになります。
　自分ではあまり動かずに、さまざまな投資に資金を入れて稼いでいこう――。
　しかし結果的に、そんな私の考えがどれだけ甘いことかを痛感しました。ここからどん底が始まったのです。
　私はダーツ機械の会社や水のサーバー、木材の会社などに投資を始めました。またそれ以外に、海外の私募ファンドに投資をしました。
　このすべての投資案件がことごとくダメでした。
　元金が戻らない、予定の配当がない、ダメダメのオンパレードです。合計で 4000 万円ほどのお金が未回収、もしくは長期の支払計画での返金となりました。実際、計画通りに支払われるかどうかも不明なものばかりです。
　その中でも海外の私募ファンドこそ、多くの人を不幸に追いやった最悪の投資案件であり、私自身 1200 万円のお金を飛ばしました。

東日本大震災と金貨との出会い

　「投資家として、投資対象を調べることは不可欠です。調査をもとにトコトン自分の頭で考える。わからないものに対して貴重なお金を投じるべきではありません」
　とは世界一の投資家であるジム・ロジャーズの言葉です。

投資を行うには、自らが積極的に投資対象を調べることが何よりも重要です。しかし、私はそれを怠っていました。投資対象を調べに調べなかったため大失敗をしたのです。
　もしあなたご自身が一生住むかもしれない戸建てやマンションを買うとしたら何を調べますか？

　最寄り駅はどこか？　そこからは徒歩圏内か？　日当たりは？　買い物や病院などの利便性は？　治安は？　道路交通量は？

　……などなど、挙げればキリがありません。
　では投資対象はどうでしょうか？

　必要資金は？　レバレッジはかけられるのか？　簡単に始め、簡単にやめられるか？　利回りは？　資金の持ち逃げなど詐欺的リスクは考えられないか？

　……これは本当に一例です。
　自分で徹底的に調べ上げ、実際に儲かるのかどうか、リスクはどの程度かを理解してから始めることが何より重要です。
　そして、今度こそは徹底的に調べ上げ、絶対に失敗してたまるかと決意したとき、たまたま出会ったのが金貨投資でした。
　東日本大震災がきっかけでした。当時、私はシンガポールに住んでいたのですが、地震と津波の被害を映し出すテレビの国際映像に言葉を失いました。
　自分だけが保身に走ったようで恥ずかしいのですが、私はシンガポールのラッフルズシティにあるUOB銀行に金貨の現物を買いに行きました。

大震災の被害から、日本の株価は荒れ、銀行や金融関係にパニックが起きるのでは？　と予測したからです。

なぜ金貨だったのか？

　幸いにも、私の心配は杞憂に終わりました。
　銀行も、金融関係も大きなトラブルはなく、日本は復興に向けて動き出しました。
　しかし、当時の私は円やドル以外の資産を持つべきだと強く感じ、金貨の購入を開始したのです。
　UOB銀行ではカンガルー金貨というオーストラリア政府発行の1オンス（31.1グラム）を、現金（シンガポールドル）と引き換えに80枚受け取ったのです。
　2.4キログラムを超える金貨の筒でした。筒というのは、100円玉50枚がビニールでセットされているように、20枚ごとにカンガルー金貨がビニールでセットされたものです。
　2011年3月からコツコツと買い、1200万〜1300万円を投資して99枚購入しました。手にのせたときのずしりとくる感触は今でも鮮明に覚えています。
　結局は怖くなって銀行の貸金庫に預けることにしたものの、当初はマンションの金庫の中に金貨を保管しており、私はその重量感や美しさに魅了され、これこそが本当の資産だと感動したものです。
　そして金貨のことを書籍やインターネットで徹底的に調べ、アメリカ・アンティークコイン投資という、日本ではほとんど知られていませんが、欧米ではメジャーで、かつほかの投資と比べても安心・安全、少しの手間と知識だけで手軽に儲けられるという、信じられない投資に出会うことができました。

失敗したくなければ、コイン投資を！

　先述したように、私自身、本当にさまざまな投資の失敗を経験し、大金を失いました。しかし、失敗があったからこそコイン投資に出会い、この本を書くことができたのです。

　もちろん、あなたに同じ失敗を繰り返してもらいたくはありません。そしてぜひコイン投資に挑戦していただきたい。

　後述しますが、**あなたがコイン投資を始めることで、あなたにとっても、私にとっても大きなメリットが生まれる**からです。

　そんな思いも込め、まだ日本人で誰も書いたことがないコイン投資について、この本で余すことなくお伝えしていきます。

2014 年 11 月

石山幸二

コイン投資入門　目次

魅惑のアメリカ・アンティークコインの世界 …………………………………… 2

まえがき ……………………………………………………………………… 9
　日本人の99.9％が知らない儲け話
　3年で1億円！　しかし、そこからどん底が始まった
　東日本大震災と金貨との出会い
　なぜ金貨だったのか？
　失敗したくなければ、コイン投資を！

第1部　なぜアメリカ・アンティークコイン投資はすばらしいのか？

01　コイン投資を学ぶ前に押さえておくべき投資の基本と常識 …………… 22
　なぜ人は投資に失敗してしまうのか？
　初めのころの損を忘れるな
　初心者に覚えてほしい3つの心構え
　無理にコイン投資をする必要はない

02　コイン投資と投資ファンドを比較　現物が手に残るコイン投資の勝ち！ …………… 27
　他人にお金を貸したら、返って来ないと思え
　限りなく詐欺に近い案件、というか詐欺だった！
　お金を手放してはいけない
　ユダヤも実践する現物資産の収集

03 コイン投資と美術品投資を比較
目利きの必要がないコイン投資の勝ち! 31

コインは美術品と基本的には同じ
コイン投資と美術品投資はどう違う?

04 コイン投資とFX投資を比較
大損失の可能性が低いコイン投資の勝ち! 33

FX投資はバクチみたいなもの
現金取引なので、レバレッジをかけないので安心

05 コイン投資と株式投資を比較
外的要因に強いコイン投資の勝ち! 35

コインやクラシックカーの特徴
株式市場はジェットコースター
金融の大問題で逆にコインは値上がりする!
コインは下への価格変動がほとんどない

06 コイン投資と不動産投資を比較
余計な費用が少ないコイン投資の勝ち 39

コイン投資は余計な費用がかからない
私も不動産投資で大失敗をした
ローンのメリット、デメリット

07 コイン投資と金投資を比較
重さより価値が決め手のコイン投資の勝ち! 41

同じ金同士、違いはあるのか?
やっぱり金は資産防衛の最強の武器……?
金よりコインのほうが稀少性が高い
金投資とコイン投資の違い
金投資は現金を持つよりもリスクが高い!?

08 予算・難易度・手間・リスクを比較 図解で見るコイン投資の優位性 ……… 45

予算の高低と難易度
手間とリスク

09 アンティークコイン最強の担保 いまだ世界最強国家のアメリカ合衆国 ……… 49

コイン投資の最強の担保はアメリカ合衆国
ヨーロッパのコインと比べたときの優位性
アメリカの国力から考えるコイン投資の安全性

10 日本人がコイン投資に参戦すれば、爆発的な値上がりが期待できる！ ……… 52

コイン市場の将来性
日本人が注目していないからこそ、チャンスは広がる
日本人が参加すれば金額が2倍に
私が本書を書く理由

第2部 実践！アメリカ・アンティークコイン投資

11 素人でもすぐに理解できる コインの基礎知識 ……… 56

コインには3タイプある── コインの種類

12 参加者全員が儲かる！
鑑定会社を中心にまわるカラクリ …… 61

2つの代表的な鑑定会社
鑑定会社が必要だったわけ
鑑定価格はどのように付けられる？
それぞれの鑑定会社の特徴
なぜ値上がりしつづけるのか？
なぜ関係者全員が儲かるのか？

13 これだけは知っておきたい
コインの加工とグレードの常識 …… 65

鑑定を理解する
加工されているコイン、されていないコイン
コインのグレードはどこで決まる？
最高グレードのものをオススメする理由

14 年利50%など当たり前の
アメリカ・アンティークコイン …… 70

年利50%超えも当たり前！
実際のデータが圧倒的利回りを証明！

15 アメリカコインとヨーロッパコインの
166倍も違う値上がり比較 …… 72

アメリカコインの底力とは？
なぜアメリカコインに軍配が上がるのか？
カナ金売って、アメ金を買おう！

16 コインはどこで買うべき？
あなたに合った購入方法を探そう …… 76

コインが買えるところは主に4つ

17 ハードルは高い !? オークションと4つのチェックポイント ……… 80
オークションに挑戦！

18 私の経験から得てほしい オークションの注意点 ……… 84
オークションへ挑む前に

19 アメリカ・アンティークコインに 強いお店とは？ ……… 87
高値買いを避ける最も確実な方法
コインショップもアメリカがオススメ
日本のコインショップから購入する方法

20 コイン投資の入口戦略 利回りを知るためのコツとは？ ……… 90
コイン投資で利益を得るには？
いかに安く買うか
適正価格をどうやって見抜くか
利回りの予想

21 コイン投資の出口戦略 長期的手法、短期的手法とは？ ……… 93
コイン投資でも売りやすさは重要
売りやすいコインの特徴
私の売却方法
アンティークコインで大富豪へ──あとがきに代えて

お宝アメリカ・アンティークコイン ……… 98

装幀◎重原隆
本文フォーマット・図版作成◎二神さやか
DTP◎株式会社システムタンク（野中賢）

第1部

なぜアメリカ・アンティークコイン投資はすばらしいのか？

01
コイン投資を学ぶ前に押さえておくべき投資の基本と常識

なぜ人は投資に失敗してしまうのか？

　第1部ではコイン投資を始めるにあたって、そのメリットをほかの投資──FX投資、株式投資、投資ファンド、不動産投資などと比較検討しながら解説していきたいと思います。

　そもそも、なぜ多くの人は投資に失敗してしまうのでしょう？ それをきちんと理解しないでコイン投資をしようというのは拙速に過ぎます。

　入念に準備体操をしないでいきなり全力疾走したら怪我のリスクが高まりますが、投資もそれと同じです。

　投資には最初から詐欺であるもの、途中で資金繰りがうまくいかなくなり破綻するもの、計画の利回りが出せないもの……など、リスクは多種多様です。

　安易に儲けられる投資案件などありません。

　どんな仕事もスポーツや趣味も、初めて行うときは皆が初心者です。しかし、この初心者がたくさん参加しているのが投資の世界。テレビや新聞、雑誌を見て、自分も儲けられそうと思って参加する人がほとんどでしょうが、ことごとく失敗しているはずです。

　しかもその失敗が大失敗で、取り返しのつかない損をするから悲惨です。

初めのころの損を忘れるな

　本書をお読みいただいている方のほとんどは、きっとこれまでに何らかの投資をされてきたのではないでしょうか？　そして、そのうちの99％の人が、何かしらの「損」を経験されているのではないかと想像します。

　もちろん、まだ投資に興味があるということは、幸運なことに市場から強制的に退場させられるような金額をやられてはいないということでしょう。

　「初めのころの損から多くを学んだ」とは再びジム・ロジャーズの言葉ですが、まずダメージの小さな金額で失敗しながらレベルアップしていくしか投資で勝つ道はありません（コイン投資についてはこの限りではありませんが、最低限の知識は必要です）。

　投資では大きな失敗をせずに生き残ることが重要なのです。 株式投資やFX投資、投資ファンド、不動産投資などで一度の大きな失敗で数百万円から数億円の資産を飛ばしてしまう人を、私はたくさん見てきました。価格変動の可能性が高いものや、レバレッジを利かせた投資、お金を知らない人に預ける投資には大きなリスクがあります。

初心者に覚えてほしい３つの心構え

　私は７年ほどFX業界でトレード方法を教えてきましたが、その中でも印象に残る質問があります。「必ず儲かりますか？」です。

　この質問をしてくる人は、本当に初心者だなと思います。「簡単に始めるFX」「儲かる株式投資」「満室経営の大家さん入門」など

など、さも簡単に儲かりそうな投資指南本が出ていますが、投資の世界は99％の人が負ける世界です。

以下、そんな初心者にどうしても覚えておいてほしい3つの心構えをお伝えしておきましょう。「じらさないで早くコイン投資について教えろ」という声が聞こえてきそうですが、とても大切な投資の基本と常識なので少しだけお付き合いください。

損をした場合の金額をあらかじめ設定しておく

自分が損をしたときのイメージをしっかり持ちましょう。

ネガティブなことなのであまり考えたくないことかもしれませんが、株でもFXでも自分が取引したときに考えうる最大の損失額を必ず計算してください。最大の損失額を計算しておかないと、いざ相場が変動したときに、損失を確定することができません。

ちなみに私がFXをやっていたころは、ドル・円なら「10銭動けば損失が1万円」と計算していました（持つロットによって損失は変動します）。

私がFXで相談を受けたときに感じたのは、投資をただのギャンブルとしか捉えていない人が圧倒的に多いということでした。

FXや株はレバレッジがかけられます。たった10万円の資金でもレバレッジをかけることで、ほんの数秒で倍の20万円にすることも、資金を失うこともできるという怖さがあります。大抵の場合は少し儲けたあとに資金を増やしてしまい、そのとたんに損をする方向にレバレッジが効いて負けてしまうのがオチです。

自分に向いている投資・手段を検討する

世の中には、たくさんの投資話(あぶ)が溢れています。しかしなぜこれだけたくさんの投資があるのに、儲けている人はほんのわずかなの

か考えたことはありますか？

　儲けている人は、自分に合っている投資を自分の経験に基づいて考えだしています。自分で考えたから、自分の性格にも向いていて、長くコツコツと続けることができるのです。

　もちろん、投資の種類だけではありません。FXでも株でも、1つの投資に1つの投資手段しかないというわけではありません。自分にとって一番相性のいい手段を探しましょう。

　たとえば、おっとりした性格の人にはデイトレードや、スキャルピング（1日での決済がデイトレード。1日に何度も決済するのがスキャルピング）といった取引手法にはまったく向いていません。逆に気の短い人には、スイングトレードと呼ばれる数日から数週間、もしくは数カ月をかけて決済する取引手法は向いていません。

　自分の性格と投資案件の特徴について十分に吟味することがとても大事です。

実績、失敗例も確認する

　投資家にありがちな傾向に、成功例だけを鵜呑みにしてしまうことがあげられます。たいてい投資の世界では、成功した人や方法などが大きく取り上げられていますが、テレビ、新聞、雑誌などに出てくる勝者は投資家の中でもほんの少数です。

　もし自分で投資したい対象があるならば、成功例だけでなく、失敗例も必ず確認することを忘れないことです。

　詐欺業者が右肩上がりの収益曲線のグラフをつけて販売している自動売買ソフトを、うっかり買ってしまったなんて人もいるかもしれません。もちろん、自分が使い始めたとたんにソフトは右肩下がりの収益曲線のグラフを描くわけです。

　投資で失敗する前に、防御策を確認するいい方法があります。そ

> ### コイン投資を始める前の3つの心構え
>
> **心構えその1** 損をした場合の金額をあらかじめ設定しておく。
> 投資はギャンブルではない。自分が取引したときに考えうる最大の損失額を必ず計算しておく。手数料などの細かな金額にも注意する。
>
> **心構えその2** 自分に向いている投資・手段を検討する。
> 自分の性格を分析したうえで、投資と手段を検討する。
>
> **心構えその3** 実績を確認する。
> 成功例だけでなく、失敗例も確認して、本当に儲かるかどうかをシミュレーションしておく。

れは、ブログ上で自分の失敗談を書いている個人の記事を探すことです。「○○投資　失敗」と検索すれば、さまざまな失敗例を確認できます。それらを参考にしながら、その投資手法は本当に儲かるのか？　追加の経費がないのか？　最終的にどれだけ儲かるのか？　冷静に見極めてください。

無理にコイン投資をする必要はない

　以上のように、投資に関する基本的な心構えを述べてきました。もちろん、「コイン投資が自分に合っていない」「面倒くさそう」と判断されるのであれば、私はあえてオススメしません。
　しかし、最後までお読みいただければ、**いかにコイン投資が安全・安心・簡単で、儲かる可能性が高く、かつ魅力的かをご理解いただけると思います。**
　次節からは、ほかの投資と比較することで、コイン投資の特徴とメリットを検証していきましょう。

02

コイン投資と投資ファンドを比較
現物が手に残るコイン投資の勝ち！

他人にお金を貸したら、返って来ないと思え

　コイン投資と投資ファンドとの決定的な違いは何か？
　それは、コイン投資は現物が手元に残るというところでしょう。
「他人にお金を貸したら、返って来ないと思え」という有名な言葉がありますが、実際にその通りだと思います。
「まえがき」でも触れましたが、事実私は、システム上、どう考えても「損をするはずのない」投資案件で、1200万円という甚大な被害を被ってしまいました。

限りなく詐欺に近い案件、というか詐欺だった！

　その投資とは、スポーツブックという海外スポーツの試合の勝敗に賭ける手法で裁定取引（アービトラージ）と呼ばれるものでした。これは投資の両建てのことで、複数のブックメーカーのオッズの違いを利用して確実に収支をプラスにするというベット方法です。
　この手法は概念上まったく損をする可能性がありません。金融の世界でも使われている手法であり、破綻はありえないと言われていました。
　すでに3年以上も配当を出し続けており、実際に2年以上配当をもらっている参加者が何名もいるのを確認していました。もともと

資産100億円レベルの投資家も、年商100億円企業の経営者なども参加していて、非常に高い確率で安全だと言われていました。数億円投資していた人もいたようです。

しかし破綻し、終わってしまえば、限りなく詐欺に近い案件だったのです。

実際に投資対象に対して投資していたかも追及できず、単純に新規の投資家の元金を、もともとの投資家に払い出していただけなのではないかという見方がされています。

今ではこの運用会社と経営幹部に対し訴訟が起きています。

お金を手放してはいけない

こうした数々の失敗から私が得た教訓は「お金を儲けたいなら、絶対に自分の手元からお金を手放さないこと」でした。

「投資の話をしているのに何を言っているんだ？」と思われるかもしれません。

私が言いたいのは、**担保として手元に何も残らないのはとても危険**だということです。日本国内の銀行や大手証券会社に現金として預ける以外は、お金を移動した相手先から、必ず現物資産を担保として入れさせるべきなのです。

担保を取らずに契約してしまうと、契約書の紙切れが手元に残るだけで、今まで自分のお金だったものが他人のお金になってしまうのです。

個人が紹介しているファンドや海外の業者が行っているファンドなど、詐欺もしくは、詐欺まがいの投資案件はたくさんあります。元本保証や、利回り保証などと契約書にいくら書いてあっても、当人がお金を持っていなければ返しようがありません。もちろん最初

手元に現物が残らない投資と現物が残る投資の違い

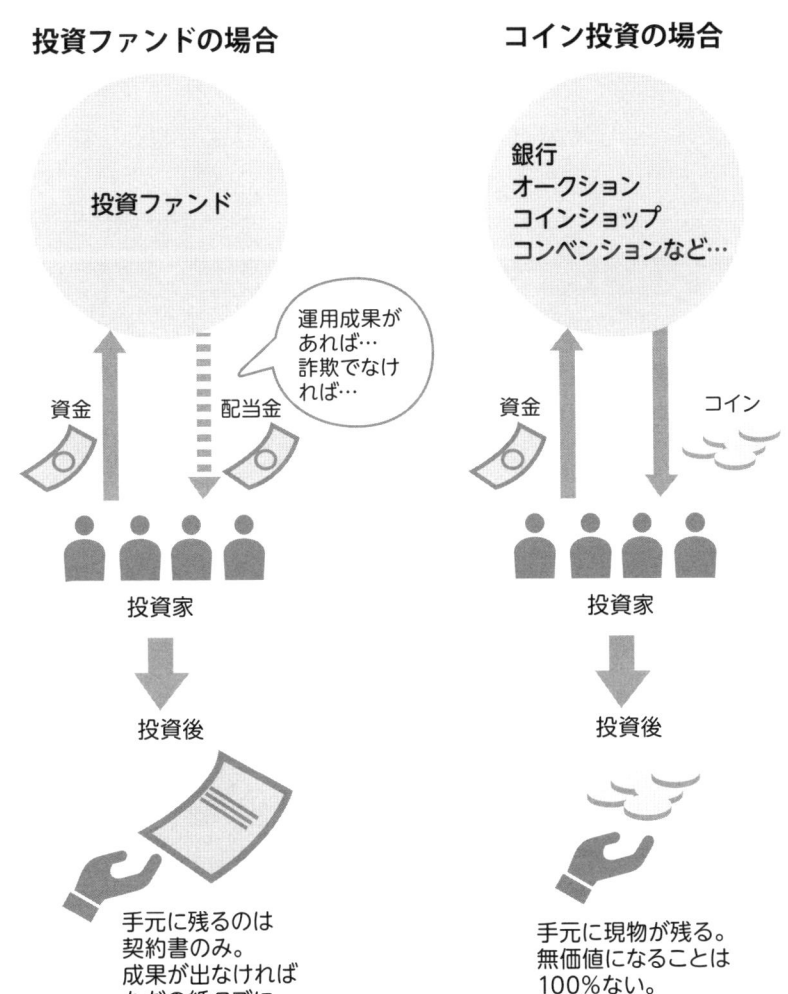

から返す意思などないことがほとんどですが。
　しかも、海外の銀行などに資金を移動していると、そのお金を日本国内の法律で取り戻すことはほぼできないと思って間違いありません。
　契約内容もただ書いてあるだけで、それが守られる保証も担保もまったくないのです。
　詐欺師を強制的に逮捕でき、元金を返済してくれるようなことがあればいいのですが、逮捕できたとしても、あなたの大切なお金が戻ってくる確率は非常に低いと言えるでしょう。

ユダヤも実践する現物資産の収集

　そう考えると、法律で守られており、前ページの図のように投資金額に見合った現物を手に入れることができる投資が最も安全ということになります。不動産同様、コイン投資もその一例に当てはまりますね。
　コイン投資であれば、物々交換のようにあなたが支払ったお金がコインに姿を変えるだけです。銀行の貸金庫など安全な場所に置いておくことが可能で、あなたの資産としてあなたの手元からなくなることはありません。
　現物を手元に置いておくことは、ユダヤや華僑(かきょう)の教えにもあります。彼らは金（ゴールド）を手元に置いておく方法を取っています。しかし、金よりもアンティークコインのほうが資産としては優れています。その理由ものちほど説明します。

03
コイン投資と美術品投資を比較
目利きの必要がないコイン投資の勝ち！

コインは美術品と基本的には同じ

　前節でお話しした手元に現物が残る投資といえば、絵画などの美術品や骨董品への投資もそうですね。じつは、コインは金や銀そのものと考えるよりも、美術品に近いといえます。

　まだ王族が統治者だったころは、当時における最高の画家に肖像を描かせていたりしましたが、同様にコインも、その時代の王族・貴族・政府が、当時最も腕の良い画家や彫金師に美しいデザインを彫金させていました。

　ですから有名なコイン、人気のあるコインはデザイン的にも優れたものが多いのです。手に入れたときに美しいものは幸福感を覚えます。ましてや、古い時代のお金として実際に使われていたのですから、収集したときにとてもいい気分になります。

　また、有名な絵画や彫刻は誰かのコレクションになると、その家の家宝となりどんどん姿を消します。ましてや絵画や彫刻は1点ものが基本です。

　じつはコインも同様なのです。時間が経つほどグレードの高い美しいコインは減っていきます。また残存枚数が少ない年度のコインもレアということで、なかなかオークションに出てきません。

　第2部で説明しますが、プルーフ金貨と呼ばれる鏡面仕上げの金貨は発行枚数がとても少なく、さらに王族や銀行家などが手に入れ

たものなのでほとんど流通していません。

　有名な画家の絵や彫刻は美しい。ましてや、それが金でできていると考えると、とても価値があると感じませんか？　さらには、どんどん数を減らしていくので、コインの値段は上がらざるをえないのです。

コイン投資と美術品投資はどう違う？

　コイン投資は美術品投資と同様に目利きの能力が左右する投資なのでは？　それに入手ルートの信頼性は高いの？
　そんな疑問や不安をお持ちの方もいらっしゃるでしょう。しかし、コイン投資と美術品投資とは根本的なところで違っています。
　最も異なるのは、絵画は1点ものですが、コインは同じグレード、同じ年度のものが複数存在することです。つまり1点ものである美術品は、持ち主やオークションハウスがある程度相場をつくれます。
　一方、コインは複数枚存在するので、鑑定会社がグレードによる価格を公表しています。つまり、**コインには指標となる価格が存在しており、同じグレードのコインが今いくらくらいなのかが明確になっている**のです。
　ゴルフ会員権をイメージするといいでしょう。あるゴルフ倶楽部の2014年現在の相場が、売り希望が4100万円で3件、買い希望が2750万円で1件だということをネットで検索すれば調べられます。コインの場合も同様に、直近のオークションでいくらで落札されたのかを鑑定会社の会員になればいつでもチェックできます。
　つまり目利きの必要はなく、当該年度とグレードを見れば適正価格がわかるということです。そのうえ、鑑定会社の鑑定済みコインを買えば、偽物の心配はなく、信頼性の高い投資ができるのです。

04

コイン投資とFX投資を比較
大損失の可能性が低いコイン投資の勝ち！

ＦＸ投資はバクチみたいなもの

　主婦がFXで数億円稼いだとか、そのお金を脱税していたとか、メディアを中心に話題となって急激に人口を増やしたFX投資。

　しかし、いわゆる丁半バクチのトレードと呼ばれるもので、勝つにはよほどの知識や経験が必要です。

　誰よりもFXの経験者自身が、儲けることの難しさを実感していることでしょう。

　私自身FXで儲けられたのは短期間であり、優秀な自動売買ソフトがあったからにすぎません。

現金取引なので、レバレッジをかけないので安心

　FXでは常に自分の持っているポジションが儲かっているのか、損をしているのかを確認する必要があります。10倍以上のレバレッジをかけている場合など、資金が一瞬で飛んだりすることもあります。含み損があると、決済前の損をしている状態が長く、精神衛生上もよくありません。

　つまり危険というか、心が休まらないのです。数年間、株やFXでポジションを持つような長期投資以外には、この含み損との戦いが待っているといえるでしょう。

一方、アメリカ・アンティークコインをはじめとしたコイン投資はレバレッジをかけて購入することができません。
　それはメリットかデメリットか？
　FXや株式投資はレバレッジをかけて元金以上の取引ができるのがウリです。しかし先述したように、特にFXにおいては、このレバレッジにやられてしまったという例が後を絶ちません。
　レバレッジをかければ、儲けも大きくなりますが、損はもっと大きくなります。
　ちょっとの損を含み損として放置し、追証（追加の資金を入れなければ強制的にポジション決済）や塩漬けでほぼ永遠に放置ということがとても多いのです。
　株やFXは市場の状況によって、相場に関する考え方が急変するためです。
　そう考えると、レバレッジをかけることができないことは、むしろメリットと考えたほうがいいかもしれません。
　コイン投資は、購入して持っていれば含み損などに悩む必要もなく、いずれ鑑定会社の評価が上がって値上がりするのを待っていればいいのです。
　ハイリスク・ローリターンの投資は文字通りいつか破綻するどころか、出資者の心までも破綻させかねません。ローリスクで楽しく儲けられる投資が一番長続きするのです。

05
コイン投資と株式投資を比較
外的要因に強いコイン投資の勝ち！

コインやクラシックカーの特徴

　コイン投資の一番の利点は、何といっても年月を追うごとに枚数が減ることです。

　フェラーリなどのクラシックカー市場も同様です。減れば（時間が経てば）、おのずと稀少性が高まり価格が上がります。そして、外的要因による価格の変動が起きにくいことも特徴としてあげられるでしょう。

　一方で、株式投資の場合は個別で見れば、企業の業績が下がってしまうと株価も上がらなくなるなど、外的要因をもろに受けます。

株式市場はジェットコースター

　企業の業績を3～5年といった期間で見れば、株式投資の場合は勝てる確率は上がります。つまり成長しそうな業界に投資するのです。

　しかし3～5年持っていようと決めた株をたったの3週間で売ってしまうような例はゴロゴロしています。

　リーマンショックやギリシャショックなどの実例があるように、金融機関の破綻や、不良債権など大きなお金の動向に不安が見えると、株式市場ではジェットコースターさながらの大きな変動が起き

ます。

　株式相場は、値上がりはゆっくりですが、下がる方向には一瞬で下がっていきます。その大きな変動が怖くて、急いで決済してしまう人がほとんどなのです。

　株式投資の経験者はとても多いので、パニック時に自分の行動が自分でコントロールできなくなることは十分に理解されていることでしょう。

　鉄の心臓を持っているか、よほどの余剰資金がないと株式投資を長期で行うことは難しいのです。

金融の大問題で逆にコインは値上がりする！

　株式投資には、株をある程度の損失で手放せなかったばかりに、購入時の5分の1とか、10分の1の価格で塩漬け状態にしている人がたくさんいます。

　株が塩漬けになると資金を回転させることができないので、時間的ロスも抱えることになります。

　東証一部に上場しているような大企業でも株価が低迷しているところはゴロゴロあります。最もリスクが高いのは、1つだけの企業の株を持っていることです。倒産してしまったとたんに持ち株はゼロ円になります。

　日本でもバブル崩壊時に山一證券の破綻や、大手銀行への公的資金注入などで株式市場に激震が走りました。さらにグローバル経済の今は、日本国内の金融機関の問題だけでなく、世界のどこかの銀行で不良債権・公的資金の注入が発生しても、同様の大きな相場変動が起きてしまいます。

　その点、**コイン投資は金融機関の大きな問題が発生しても、逆に**

世界における高級品現物投資指数

投資項目	12カ月	5年	10年
家具	-2%	-16%	-19%
中国陶磁	3%	45%	77%
時計	4%	32%	82%
宝石	3%	49%	156%
ワイン	3%	5%	176%
美術品	-3%	2%	193%
コイン	10%	91%	227%
切手	5%	50%	250%
クラシックカー	28%	121%	456%

アンティークコイン市場の10年間の価格推移

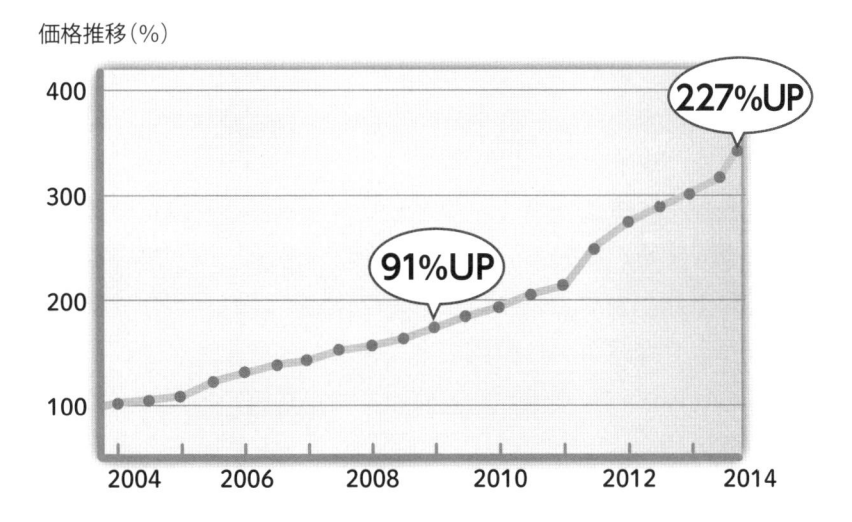

knight Frank の「Wealth Report 2014」を基に作成。

ただでさえ少ないレアコインなどは奪い合いの相場になるはずです。

コインは下への価格変動がほとんどない

　確かに株の場合、配当があるという利点がありますが、価格は上にも下にも価格変動します。コインの場合は、下への大きな価格変動はなく、10年、20年で見た場合に上向きの価格変動をすることがすでに実績として証明されています。

　前ページのグラフは過去12カ月、5年、10年のアンティークコイン市場の価格推移です。**過去10年で一度も値下がりがない**のが驚きです。バブル期の日本や新興国の不動産価格のように時間経過とともに価格が上昇しています。

　株式投資で塩漬け覚悟で大きな値上がりを狙っていくのか、コイン投資で時間経過とともに値上がりを狙うのか。

　考えるまでもなく、すでにコイン投資に軍配が上がっているのではないでしょうか。

06 コイン投資と不動産投資を比較　余計な費用が少ないコイン投資の勝ち

コイン投資は余計な費用がかからない

　まだまだコイン投資の大きなメリットがあります。それは税金が購入時の消費税しかかからないということです。保有している限りは、固定資産税もかかりません。
　もちろん、株式投資、FX投資、不動産投資同様、コイン投資も利益が出たら税金はかかります。ただし、不動産投資はさらに余計な経費がかかる可能性が高い投資といえるでしょう。
　たとえば物件のメンテナンス費用などです。築年数が増えるほど物件はどこかが痛み、入居率の低下と家賃の低下が始まります。つまり建物の価値は下がるわけです。
　しかも現在の日本では人口減少に転じているため、土地の価格が年数とともに大きく上がる可能性は低いでしょう。
　ちなみに金融機関などが販売しているファンドも、年間手数料が取られることを見逃してはなりません。仮に年間2％でも10年保有すれば、それだけで20％のコストになります。

私も不動産投資で大失敗をした

　実際に私も不動産を所持していますが、まわりに新築の物件ができて、自分の物件の競争力が落ち、家賃を下げないと部屋が埋まら

ないという状況を経験しています。また、地震、洪水などの自然災害で物件が無価値になるリスクもあります。

　しかし、コインは年数が経過するほどに価値を増します。繰り返しになりますが、コインは美術品と同様に数に限りがあり、一度購入した人が売りに出さなければ残存枚数が減ります。**価値のあるものを長期間保有することも投資の必勝法ですが、長期間保有することでメンテナンス費用や、固定資産税、手数料等がかかる不動産投資と比べると、それらが一切不要なコイン投資は有利**と言えます。

ローンのメリット、デメリット

　確かに、不動産投資は比較的儲けやすい投資といえるでしょう。現物は手元に入りますし、入居者がきちんとつけば家賃収入が定期的に入るからです。

　ただ、予算が高い。一度の失敗が大ダメージになりかねません。そもそも資金がないと買うことが困難です。入居が難しい古い物件や、駅から遠い物件など入居者がつかない物件を買ってしまうこともあります。ワンルームマンションの場合は転売もきかず、入居者がいなければ、ただ借入ローンの支払いをするために購入したような結果になりかねません。

　不動産は最後に手放すまで勝ちが確定しません。つまり買った物件のローンの残金を返しても、税金を払っても、なお売却してお金が残るならば勝ちとなります。10〜20年といった長期間の投資となるので、未来を読み間違えると大きな痛手を負いかねません。

　一方コイン投資の場合は、ローンを組んで購入することはできませんが、それゆえ自分の予算の許容範囲で運用でき、長期的にダメージを受け続けるというリスクは考えにくいでしょう。

07 コイン投資と金投資を比較
重さより価値が決め手のコイン投資の勝ち!

同じ金同士、違いはあるのか?

　そもそもコイン投資と金投資ってどう違うの?　両方とも同じ金だし、金投資のほうが日本人にとって身近ですよね?
　そんな疑問を持たれる人もいるでしょう。もちろん、金投資は資産防衛という面においてはとても有効な手段です。
　まずは、コイン投資と金投資の違いをお伝えする前に、貨幣制度について振り返ってみましょう。

やっぱり金は資産防衛の最強の武器……?

　なぜ古来より人は金を集めていたのか?
　もともと金本位制の考えは世界各国にありました。その国の貨幣制度の根幹を成す基準を金地金としていたのです。ただし、実際に金貨は持ち運びが不便で、絶対流通量が確保できないなどのデメリットがあったため、金地金との交換を保証された兌換貨幣が生まれました。
　しかし、1929年の世界大恐慌により金本位制は機能しなくなり、1937年にフランスが金本位制を離脱したのを機に、すべての国がいったん金本位制から離脱しました。
　その後、第2次世界大戦をへて、アメリカでは再び米ドルと金為

替本位制を中心としたIMF体制（ブレトン・ウッズ体制）が創立されます。ただし、アメリカも1971年のニクソン・ショック以降、金と米ドルの兌換が停止されます。1976年1月にIMFで変動相場制と米ドルの金本位制廃止が起こり、1978年には正式に先進国の金本位制は終了しました。

　貨幣の歴史は数百年ありますが、わずか40年前くらいには金が実際に貨幣としての価値を持っていたのです。

　しかし、現在の先進国の貨幣は、その国の信用で成り立っています。ですので、EU参加国のギリシャやキプロスなどの財政の悪化がユーロ全体にまで影響を与え、ユーロ安になるなどの混乱が生じてしまうのです。

　ギリシャやキプロスに限らず、多くの国が多大な借金を抱えており、各国の貨幣にはリスクがある状態と言えます。とくに日本は1000兆円を超える借金財政であり、いつか円が破綻して1万円札が紙クズになってしまうかもしれません。

　このようなときに金を持っていれば、財政破綻が起こったとしても資産を守れるわけです。古くから現在に至るまで、何だかんだ言っても本当に価値のあるものは紙幣ではなく金という現物だったからです。

金よりコインのほうが稀少性が高い

　だからといって、「やっぱり金は資産防衛の最強の武器だ」と考えるのは早計です。

　確かに**リスクヘッジとして金を持つことは大切ですが、稀少性によってさらに価値を高めてくれるアンティークコインこそ、最強の資産防衛法なのは間違いない**でしょう。

コインには金とは比べ物にならない価値がある

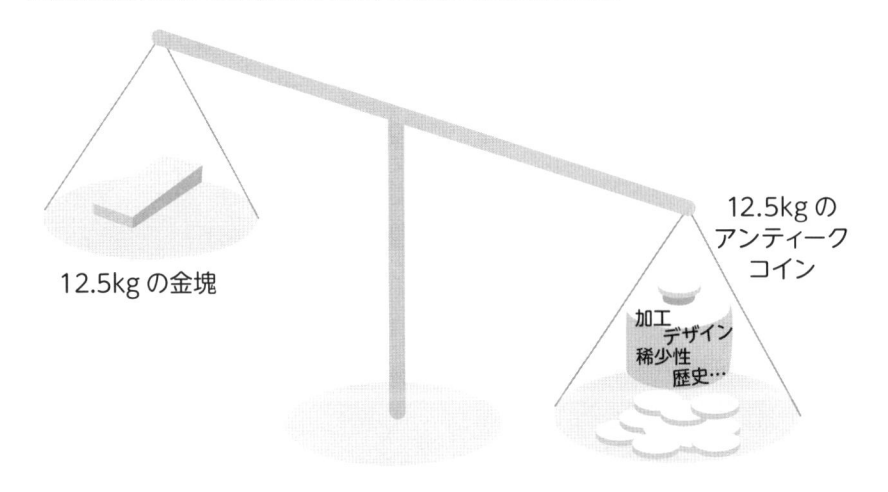

12.5kgの金塊

12.5kgのアンティークコイン

加工
デザイン
稀少性
歴史…

同じ金の重さでも、価値の重さに圧倒的な差が！

　日本以外の国では、コインを集める行為は盛んですが、日本人は投資の教育がされていないため知識が乏しく、コイン投資に乗り遅れているのが現状です。

金投資とコイン投資の違い

　では金投資と、金貨をはじめとしたコイン投資は、稀少性という以外に根本的な違いはあるのでしょうか？

　金投資は、あくまでもゴールドの地金価格が考え方のベースになります。先物市場では、1オンス（約31・1グラム）に対し毎日変動しながら米ドルの価格がついています。金の重さに対して価格がついているのです。

　ですので、地金型のコインの場合は基本1オンスあたりの価格が

ベースになってしまいます(ただし、イーグル金貨やプラチナイーグルなどは、グレードによって5倍くらいの価格差が生じている年度もあります)。

しかし、アンティークコインはデザイン、発行年度、発行枚数や残存枚数、保存状態であるグレードによって価格が大きく変わります。たとえば、鉄は重さで価格が決まりますが、この鉄で車のフェラーリをつくれば、デザインや状態によって値段が変わりますよね。このように理解するのが一番簡単だと思います。

金投資は現金を持つよりもリスクが高い⁉

金投資の最大のメリットは換金性の高さです。逆に最大のリスクは銀行の金利が高くなると、価格が下がる可能性が高いことです。

なぜ価格が下がるかというと、金利が高ければ金を買うという無用なリスクを取らずに、お金を銀行に預金しようとするからです。ですので、金利が高いときは金などへの投資は向かないのです。

また、気をつけなければならないのが、金ETF(純金上場投資信託)という証券化された金投資です。これは現物の金が自分の手元に残らないので、証券会社の破綻などで簡単に紙クズになる危険性があります。

それ以外でも金の売買には大きな手数料がかかり、短期の売買にはまったく向いていません。

しかしコイン投資であれば、必ず現金と引き換えにコインを手元に置くことができます。稀少性の高い、枚数の少ない金貨であれば地金価格の影響も受けずに、年数の経過で値上がりする可能性が高いのです。つまり、国家破綻などの大事件以外では、金投資は現金を持つよりリスクがあるということです。

08

予算・難易度・手間・リスクを比較 図解で見るコイン投資の優位性

予算の高低と難易度

　ここまで、コイン投資をさまざまな投資と比較しながらメリットを論じてきましたが、予算や手間など、なかなか実感しにくい部分もあるかと思います。

　この節では、復習を兼ねてそれぞれを図にして比較検討していきたいと思います。

　次ページの図の通り、最も予算が少なくてスタートできるのが金投資。金投資ならば2万円くらいから始めることができます。次が投資ファンドとFX投資です。だいたい5万円あればスタートできます。

　中間が株式投資とコイン投資。30万〜50万円あればスタートできます。コイン投資では15万円のものを2枚買う30万円がスタートというイメージです。

　一番予算が必要なのが、不動産投資や美術品投資です。300万〜500万円は最低必要です。安い美術品であれば、30万円くらいのものもありますが、ある程度名前の売れた人の作品は100万円単位のお金が必要です。

　コイン投資の場合、私のオークションでの落札経験では15万〜30万円のものがよく売れている印象があります。

　売れ筋価格帯ということは、売るときも売りやすい価格帯でもあ

予算と難易度を比較したポジショニング図解

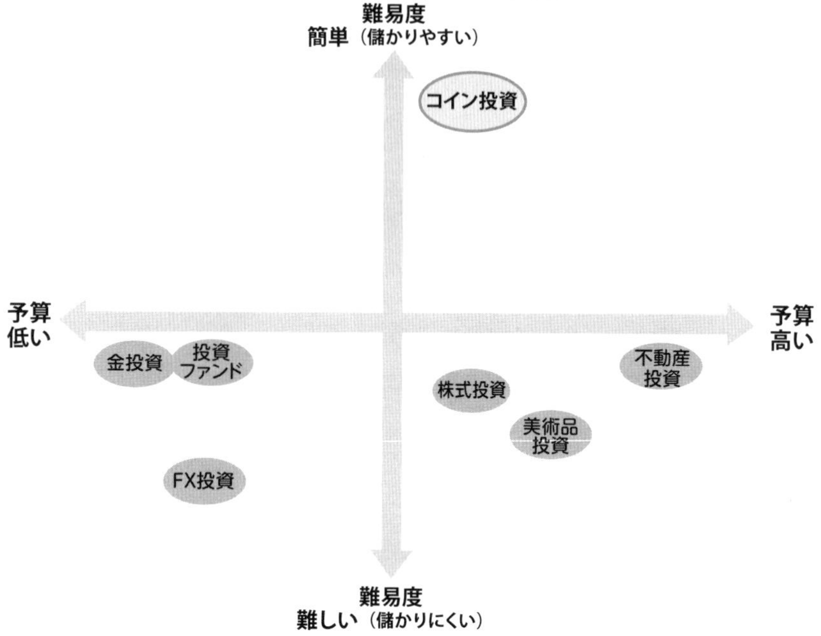
難易度
簡単（儲かりやすい）
コイン投資
予算
低い
予算
高い
金投資
投資
ファンド
不動産
投資
株式投資
美術品
投資
FX投資
難易度
難しい（儲かりにくい）

るわけです。

コインの相場は株やFXのような大きな変動もないですし、不動産のようにローンも組めませんし、ファンドのように破綻もありません。

コインの世界では、神聖ローマ帝国のようにすでに存在しない国の貨幣が高い価値を持って売り買いされています。つまり、**たとえ自分の持ちたいコインの発行国が破綻しても何の影響もない**ということなのです。ソビエト連邦時代のコインも高値で取引されているのが現状です。

コイン投資ではコインを5〜10年保持してから国内、海外のオークションでコインを売る方法と、20%程度の利益を上乗せして、転

手間とリスクを比較したポジショニング図解

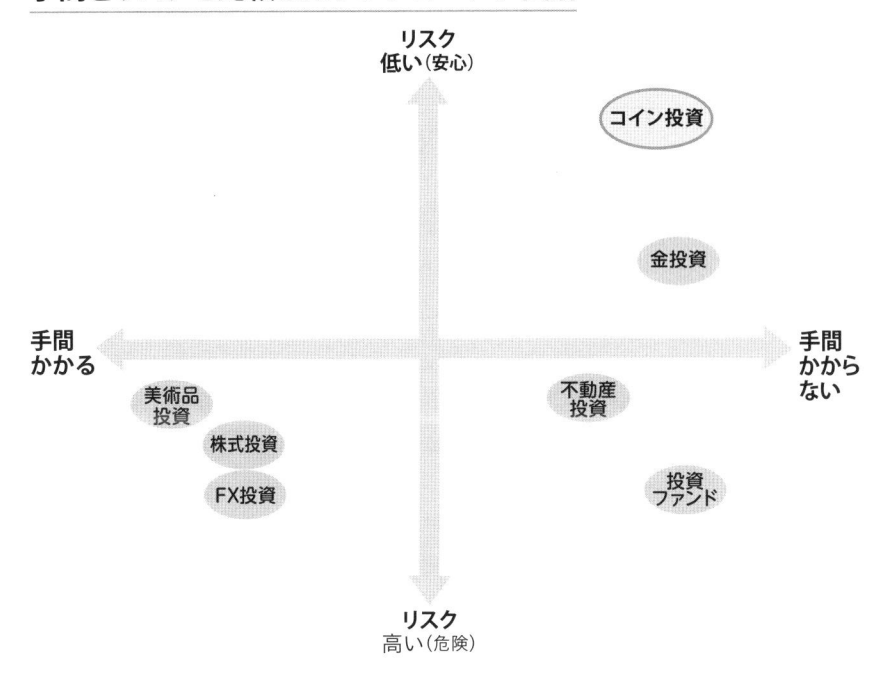

```
              リスク
              低い(安心)
                 ↑
                 │       コイン投資
                 │
                 │          金投資
                 │
  手間 ←─────────┼─────────→ 手間
  かかる          │           かからない
    美術品投資    │   不動産投資
       株式投資   │
        FX投資    │       投資ファンド
                 │
                 ↓
              リスク
              高い(危険)
```

売を繰り返す方法で利益を出していきます。

手間とリスク

　次は手間とリスクについて比較してみましょう。
　上の図の通り、一番手間がかかるのが美術品です。絵画や巻物は照明や湿度など保存状態が重要です。かびる可能性もあります。刀剣はさびに気をつけ、研ぐ必要もあり、保存に最も神経を使います。陶器は東日本大震災で割れたという話を何度も聞きました。
　美術品全般は、売るときにはもっと手間がかかります。買い手を探すにはディーラーを通す必要があり、最低でも30％の手数料を

払わなければなりません。

　次に手間がかかるのが株式投資とFX投資です。どちらも常に自分の持っているポジションが儲かっているのか、損をしているか確認する必要があります。

　手間があまりかからないのは、不動産投資です。しかし、ご存じの通り入居者がいる場合は問題ないのですが、古い物件になると入居者が減り、建物自体の保守、修理などが必要となるなどのリスクがあります。

　一方、手間がほぼかからないのが金投資と投資ファンドです。

　金投資は、貸金庫などに保管すればさびることもないので安心です。

　ファンドは一度申し込めばとくにやることがありません。最も手間がかからないと言えます。

　しかし逆に言えば、自分でできることがまったくないという怖さはあります。

　何度もお伝えしますが、ファンドは破綻の危険度が最も高いのです。資金の持ち逃げ、投資先のビジネスの破綻等、テレビや新聞などで騒がせたAIJ投資顧問のように、日本の年金基金などでさえ実際に被害にあっているのが現状です。

　同様にコイン投資もほとんど手間がかかりません。しかし、投資ファンドとの圧倒的な違いはリスクの低さ。貸金庫などに預けて値上がりを待つだけで、とくにやることはありません。

09

アンティークコイン最強の担保
いまだ世界最強国家のアメリカ合衆国

コイン投資の最強の担保はアメリカ合衆国

　さて、ここまでコイン投資をほかのさまざまな投資と比較してきました。

　にわかには信じられないようなコイン投資のメリットがたくさんあったことかと思います。しかし、それは私自身がさまざまな投資に手を出して失敗した経験、コイン投資で驚くほど簡単に儲けられた経験から得た結論なのです。

　そして、このアメリカ・アンティークコインを支える最大の担保は何だと思いますか？　それが世界最強の国家・アメリカ合衆国のコインだということです。

ヨーロッパのコインと比べたときの優位性

　アメリカで毎月一度は行われる大きなアンティークコインのオークションでは、取扱い枚数は7000枚程度あり、売買高も10億円を超えます。

　10億円と聞くと、日本の不動産や株式相場から見た場合、微々たる数字に思えるかもしれませんが、現物資産なので売るコインが減れば、それだけコイン相場を押し上げる力があるわけです。

　ちなみに、ヨーロッパのコイン市場はアメリカの8〜10分の1

程度しかなく、コインの状態（グレード）の良くないものも多いので、本書ではあまりオススメしていません。

　注目すべきは、**アメリカ・アンティークコインは買いやすく、売りやすい市場**であるということ。そして数に限りがあるので、先に入手しておけば、数が減るたびに値上がりする可能性が高まるということです。

アメリカの国力から考えるコイン投資の安全性

　市場規模だけの話ではありません。アメリカ合衆国はさまざまな分野で世界最強の国家です。

　アメリカという国は国土も大きく食料品やエネルギーなどの資源も豊富です。国土、食料品、エネルギーは国力そのものと言えるでしょう。以前はソビエト連邦も同様でしたが、社会主義の弊害からか一度破綻してしまいました。

　しかしアメリカの最強である部分は軍事力や国力ではなく、アイデアをどんどんお金に変えることができるソフト面ではないでしょうか。

　グーグルやアマゾン、フェイスブックなどは現代の代表的企業でしょう。アマゾンは当初は大きな赤字の連続でしたが、今となってはアマゾンの影響でリアル書店がどんどん潰れているなど、さまざまな業種で過去の販売形態を淘汰しています。

　2014年2月1日の日本経済新聞の記事によると、アマゾンの日本市場における2013年の売上高は7400億円あったと記載されていました。

　通信販売ゆえにお客の嗜好をデータとして集めることができ、オススメ商品をどんどん提案できるのもアマゾンの強みでしょう。

グーグルは検索エンジンの世界一です。日本のヤフーもグーグルのウェブロボットのデータをもとに検索結果を出しています。
　検索結果をコントロールできるということは、あらゆるものの販売市場に関われるということです。現代人の多くは検索結果をもとに買うものを選定したり、食事の場所を決めたりしています。
　同様にフェイスブックでも個人の嗜好や思想をデータとして蓄積しています。
　アマゾンで通信販売の販売経路を完全に広げ、グーグルの検索エンジンで買わせるものをコントロールして、個人の嗜好や思想をフェイスブックで確認する――。
　これこそが、アメリカが持つ現代の最強の戦力でしょう。
　アメリカは軍事力を使わずに、経済や思想のコントロールを行っているということです。
　以上のように考えれば、アメリカ・アンティークコインの世界は安泰なのです。
　値段を上げようと思えば、アマゾンやグーグルやフェイスブックを使って情報をコントロールするでしょう。
　少し情報を流しただけで、「アメリカ・アンティークコインは儲かる」と皆が殺到するようになる……というのは、決して非現実的な話や陰謀論めいた予測ではありません。
　実際にすでに似たような情報操作が行われているということは、ここでは詳しくは書きませんが、みなさんもニュースを追っていればお気づきになられることもあるはずです。

10
日本人がコイン投資に参戦すれば、爆発的な値上がりが期待できる！

コイン市場の将来性

　コイン市場の将来性について考えてみましょう。
　さらに市場が膨れ上がり、相場も大きく上昇する可能性はいかほどなのか？
　人気のあるアメリカ・アンティークコインは決まっており、高グレードのものやレア年度のものなどを皆が競いあって落札しているのが現状です。
　とくに、最高グレードのコインなどは、同じ年度に10枚もありません。たいていは、1〜2枚であり、わずか数百万から数千万円のお金で落札できます。
　100億円規模の資産家が、5億円をアメリカ・アンティークコイン市場に投資するとします。1枚あたり1000万円と仮定すると最高グレードのコインを50枚購入できる計算です。同様の人が10人集まれば相場自体を大きく動かせるでしょう。
　自分には5億円なんてとても無理と思うでしょうが、この資産家のお金が市場に入ることにより、15万〜20万円のコインの相場も底上げされます。
　株式市場の上がり方を考えれば、わかりやすいでしょう。
　どこかの国の経済が好調であれば、あらゆる業種の株式の値段が上がります。しかし日本の株式の場合はそうはいっても1日あたり

1兆円を超える売買高があるので、相場の底上げは微々たるものに感じてしまいますよね。

一方、アメリカ・アンティークコイン市場であれば、大きなオークションでも3〜4日かけて10億円レベルです。

つまり、日本の株式の5000分の1程度の市場なのです。したがって10億円程度の資金が流入しても、相場が急騰する可能性もあり、一度上がり始めれば、世界中から資金が集まり、さらなる上昇を見せるのです。

日本人が注目していないからこそ、チャンスは広がる

日本ではまだまだコイン投資は注目されていません。しかし、だからこそチャンスがあります。

ジム・ロジャーズも次のように語っています。

「相場のポイントは、変化が起きていること、そしてそれが一般に認識されていないこと。安く買って高く売れる物を見つけ出すということは、まだ誰も気がついていないコンセプトやまだ発見されていない変化を先取りするということだ」

ジムの言葉は、ここまで説明してきたコイン投資にこそ当てはまっているということをご理解いただけるでしょう。

日本人が参加すれば金額が2倍に

きっと、日本人が参加すれば、今の相場の倍くらいには金額が跳ね上がるのではないでしょうか。

日本人全体の金融資産は1400兆円と言われていますが、その

0.01％の1400億円でもアメリカ・アンティークコイン投資に向かえば簡単なことです。

　一度の大きなオークションでさえ10億円程度のお金があればコインすべてを購入できる計算です。

　ましてや、100億円が市場に入るようなことが起きれば、金貨1枚あたりの稀少性がより高まり、買いたいときに買えないような状況が簡単に起きます。

　実際のオークションでも、2人で競い合い値段がどんどん吊り上がったりします。たった2人で競い合っても値段が通常の2倍や3倍になることはよくあることですよね。

私が本書を書く理由

　さて、私は「まえがき」で次のように書きましたが、その真意をご理解いただけましたでしょうか。

　あなたがコイン投資を始めることで、あなたにとっても、私にとっても大きなメリットが生まれる——。

　もし、日本人がコイン投資を始めることで私のライバルが増えるだけであれば、決して本書を書くことはなかったでしょう。しかし、**コイン投資を知らなかった日本人が新規参入してくれれば、相場が上がり、大きく儲ける可能性も増える**わけです。つまり、私にとっても本書を書いてみなさんにコイン投資を学んでいただくのはメリットが大きいのです。

　ですので、ぜひ相場が上がる前に挑戦してみてください！

第2部

実践！アメリカ・アンティークコイン投資

11 素人でもすぐに理解できる コインの基礎知識

コインには3タイプある —— コインの種類

いよいよここからアメリカ・アンティークコイン投資の方法について具体的に説明していきます。

序盤は基礎知識、後半になるにしたがい実践向けになっていきます。

まずはそもそも金貨や銀貨にはどのようなものがあるのか、見ていきましょう。コインは主に次の3種類に分けることができます。

コイン	メリット	デメリット
地金コイン（インゴット） メイプルリーフ、カンガルー、ウィーン、イーグルなど	非常に換金しやすい。 買取価格が予測しやすい。	イーグル以外では、金の価格以上に値段が上がらない。
アンティークコイン セントゴーデンズ金貨、モルガン銀貨、リバティ金貨など	コインによっては、金や銀の価格の1万倍くらいまで上がる。	換金しにくい。 買取価格が予測しにくい。 買値も予測しにくい。 購入が難しいコインも多い。
記念コイン ウルトラハイリリーフ金貨、ファーストスパウズ金貨など	コインによっては3〜4年で金や銀の価格の2〜10倍くらいまで上がる。 換金しやすい。 買取価格が予測しやすい。 買値も予測しやすい。	購入が難しいコインも少しある。

表のように3種類のコインは投資のスタンスや資金の種類によって使い分けて考える必要があります。流動性資金を狙うなら地金型コインで、値上がり狙いであればアンティークコインか記念コインになります。

　流動性資金とは、換金度の高いコインのことです。地金型コインではメイプルリーフ金貨（73ページ参照）が最も有名ですが、メイプルリーフ金貨であれば、街の金買取ショップでもすぐに本来の金価格（1グラムあたり）で日本円と交換できます。

　一方のアンティークコインや記念コインも、メイプルリーフ金貨同様に金買取ショップですぐに換金はできます。しかし、稀少性などのプレミア価格分が加味されないために流動性資金として使うのは現実的ではありません。

　もちろん、杓子定規に金価格で評価する金買取ショップとは違い、オークションなどではアンティークコインや記念コインは年代や稀少性などで価値が評価され、価格に上乗せされます。

　では、それぞれについて、実際にはどのような金貨・銀貨を購入すればいいのかを解説します。

地金型コインの特徴とオススメ

> メイプルリーフ（カナダ王室造幣局製造の金貨・銀貨・プラチナ貨）
> カンガルー（オーストラリアパース造幣局の金貨・銀貨・プラチナ貨）
> ウィーン（オーストリア造幣局の金貨・銀貨）
> イーグル（アメリカ合衆国造幣局の金貨・銀貨・プラチナ貨）

　地金型コインは、1オンス（約31.1g）、1/2オンス（約15.6g）、1/4オンス（約7.8g）、1/10オンス（約3.1g）などの重さと大きさのもの

があり、すべて重量×購入時の金の単価で価格が決定します。

　金価格は市場で1オンス（約31.1g）あたり〇ドルというように毎日価格が変動しているので、実際に購入する価格はその日の金とドルのレートにより決定されます。

　注意点としては1/10オンスより1オンスは単価が安くなっていることがあげられます。なぜならコイン1枚をつくるより、コイン10枚つくるほうが加工の手間賃が高いからです。

　また、金の延べ棒タイプのインゴットはコイン型より検査などで手間がかかる可能性もあり、見送るべきです。

メイプルリーフ金貨　カンガルー金貨
ウィーン金貨　インゴット

アンティークコインの特徴とオススメ

> アメリカ製造ならセントゴーデンズ20ドル金貨、リバティ（1～20ドル）金貨、モルガン銀貨、トレードダラー銀貨など（アメリカ・アンティークコインの詳細は巻頭および巻末のカタログ参照）

　当たり前ですが、高グレードで、枚数が少なく、シミや汚れがなく見た目がきれいで（例外あり）、単価の高いものを割安価格で購入することがポイントです。見た目については現物のコインを実際に見るのが一番ですが、今はオークションなどが主流なので、画像で

確認することになります。

価格面では、のちほど説明する鑑定会社のPCGS社やNGC社などの基準価格とオークションレコードは必ずチェックしてください。

欧州製造なら10ダカット（ダカットとはドイツやオーストリアの貨幣の単位。現代でいう円やドルに相当する貨幣単位）などの高額金貨、年代は1700〜1900年代のものを選んでください。

そのほかにはゴシッククラウン銀貨なども人気です。ゴシッククラウンは、グレートブリテン、つまり今のイギリスの銀貨です。

ヴィクトリア女王がモチーフとなり、1847年と1853年のみ発行されています。発行枚数が8000枚と少なく、直径が38ミリある大型銀貨で重量は28.2グラムあります。

このコインはプルーフ（鏡面仕上げ）でWilliam Wyonがデザインしています。彫りの深さが特徴で、細かい彫刻がふんだんに使われた美しい銀貨です。

欧州製造は金メダルも多いのですが、なるべく貨幣を選ぶようにしましょう。

なぜならば貨幣のほうがメダルよりも発行時の制約が多く、当時の政府、王朝が管理していたため圧倒的に高い価値を持っているからです。

金メダルは個人でもつくろうと思えばつくれたことを考えれば、貨幣のほうが価値が高いことが理解できると思います（金メダルも状態が良ければあまり問題はありません）。

欧州製造のコイン全般に言えますが、鑑定会社のグレードがないものも多いので気をつけてください。

無鑑定のコインはより玄人向けになります。リスクヘッジ、売却のしやすさから欧州製造のコインも鑑定済みコインがベストです。

鑑定していない、5万円程度のコインは値上がりの可能性も低く、投資対象としては不適格です。

記念コインの特徴とオススメ

> アメリカ製造のウルトラハイリリーフ金貨やファーストスパウズシリーズ

　記念コインとはその名の通り万国博覧会や建国など、国家的な出来事を記念して発行されたコインのことです。

　ウルトラハイリリーフ・ダブルイーグル金貨（107ページ参照）は2009年に1年間だけ発行された1オンス（約31.1g）の99.99％純金金貨です。1907年に単年度発行されたウルトラハイリリーフ20ドル金貨（3ページ参照）の復刻版です。

　ファーストスパウズシリーズは、1/2オンス（15.6g）の99.99％純金金貨です（101ページ参照）。2007年から毎年4～5種類発行され、初代アメリカ合衆国大統領のワシントンの妻であるマーサ・ワシントンから始まり、有名な大統領ではトマス・ジェファーソン、アブラハム・リンカーンの妻など、歴代の大統領夫人がデザインされています。

　ウルトラハイリリーフ、ファーストスパウズシリーズでは必ずPCGS社かNGC社のMS70もしくはプルーフ70（PF70かPR70）のグレードを選びましょう。

　鑑定会社とグレードについては、次節以降で詳細に説明します。

12

参加者全員が儲かる！
鑑定会社を中心にまわるカラクリ

2つの代表的な鑑定会社

　コイン投資で成功するためには、鑑定会社のことを詳しく知っておかなければなりません。

　そもそも、鑑定会社がなくては、コイン投資の世界が存在しないのです。それほど鑑定会社は決して無視することができない、重要な位置を占めています。

　アメリカには次の2つの大きな鑑定会社があります。

◎ PCGS 社（Professional Coin Grading Service）
◎ NGC 社（Numismatic Guaranty Corporation）

鑑定会社が必要だったわけ

　鑑定会社ができる前は、価格の指標がなく、偽物にも悩まされていました。

　オークションの大国でもあるアメリカでは、効率よくさまざまなものをコレクションする文化があります。日本で有名なヤフーオークションも、アメリカのオークションサイトである「eBay」の影響を大きく受けています。

日本ではアメリカ・アンティークコインはまだまだブームになっていませんが、アメリカ本国では盛んに売買が行われます。そしてオークションをスムーズに行うためには、偽物の排除と価格の指標が必要になります。だから鑑定会社はなくてはならない存在というわけです。

鑑定価格はどのように付けられる？

　鑑定会社ではコイン鑑定歴20年以上のベテランが複数で鑑定を行っています。
　鑑定で注目されるのは、「重さ」「古さと美しさ」「発行枚数と残存枚数」などです。31グラムの金貨と3グラムの金貨では、やはり価値が大きく違います。100年以上前のプルーフ加工のコインであれば、通常の5～10倍の価格になります。
　また、発行枚数は多くても戦争などで金を溶かしたために実際には流通せず、残存が極端に少ない年度もあります。そのような年度のコインは、他の年度の5～10倍の価格になっています。
　もちろん、鑑定師自体はコインを保有することができません。袖の下をもらって高いグレードを付けるとか、自分で勝手に高いグレードを付けてコインを売買するなどの不正はできません。

それぞれの鑑定会社の特徴

　2大鑑定会社のPCGS社では2400万枚、NGC社では2900万枚のコインを鑑定しています。なお、この2社を比較した場合、より評価が厳しめなのはPCGS社となります。
　同じ年度、同じグレードで2社のコインを見比べると、明らかに

PCGS社のコインのほうがきれいです。一方で、欧州製造のコインの鑑定が多いのは圧倒的にNGC社となります。

買う値段も売る値段も高いPCGS社鑑定、逆に買う値段も売る値段も安いのがNGC社鑑定と覚えておきましょう。

もちろん、PCGS社、NGC社以外にもアメリカには小さな鑑定会社があります。また、ヨーロッパなど他地域にも鑑定会社があります。しかし、大手2社以外のアメリカの鑑定会社の鑑定済みコインの規模は10分の1にも満たず、ヨーロッパの鑑定会社に至っては100分の1の規模もありません。

オークションで自分がコインを売りたいときに、**PCGS社、NGC社以外の鑑定コインはコレクターが買いたがらない**ので注意してください。

なぜ値上がりしつづけるのか？

ここで疑問に思いませんか？　これほどの枚数のコインが残存し、鑑定されているのに、なぜ値上がりしつづけるのでしょうか？

鑑定会社は定期的にコインの基準価格を変更しているのですが、じつはこれがコイン投資が他の投資と決定的に違う最大のポイントです。

鑑定会社は鑑定費用が主な収益なので、コインをどんどん持ち込んで鑑定させてほしいのです。では、どうやって鑑定するコインを増やしていくかといえば、鑑定済みコインを値上げすればいいのです。つまり、未鑑定な状態のコインが鑑定されるだけでさらに価値が高まるとなれば、コレクターはどんどん鑑定を依頼してくるというものです。

コイン投資界の儲けのカラクリ

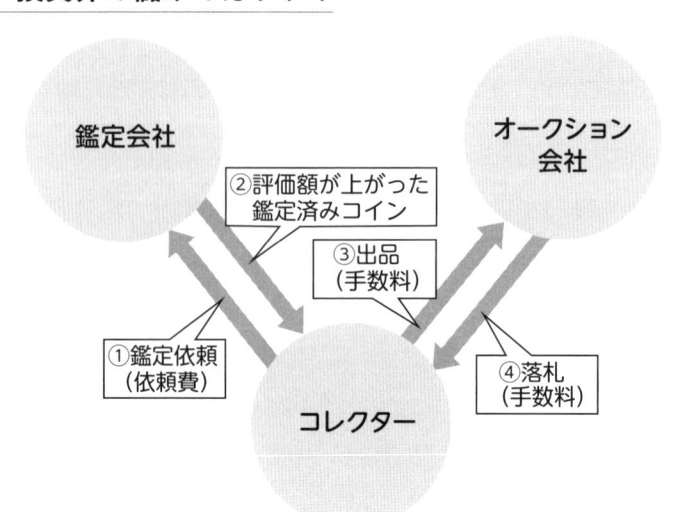

```
        鑑定会社                       オークション
                                          会社
           ②評価額が上がった
           鑑定済みコイン
                    ③出品
                    （手数料）
    ①鑑定依頼                    ④落札
    （依頼費）                    （手数料）
              コレクター
```

①→②→③→④→①→②……と流れ、コインは値上がりつづける

なぜ関係者全員が儲かるのか？

　さて、お気づきになったでしょうか？

　この鑑定会社のビジネスモデルを成り立たせるためには、鑑定会社は常に鑑定したコインを値上げしなければなりません。言い換えれば、鑑定会社はコインの値段を時間の経過とともに上げていかなければならないのです。

　オークションでは、鑑定会社が付けている基準価格に値段が左右されます。

　コインが値上がりすると、コインの持ち主も儲かり、鑑定会社も儲かり、オークション会社も儲かるわけです。

　つまり、関連した人物が全員儲かるという、信じられないようなシステムが構築されているのです。

13
これだけは知っておきたい
コインの加工とグレードの常識

鑑定を理解する

　鑑定会社の重要性をご理解いただいたでしょうか？　鑑定会社が付けている基準価格に応じて、オークションが左右されるということは、逆にいえばいくら高価そうなコインでも、鑑定されていないものは信用されず、高く売れない可能性が高いということです。

　ですので、本書では一貫して鑑定済みコインの購入をオススメしているのですが、そもそもどのようなグレーディングシステムがあるのか、そして鑑定ケースに付けられた特殊な記号をどのように読み解いていけばいいのかなど、より具体的にお話ししていきましょう。

　自分の目でお宝コインを探すときなどに役立つ必須の知識になります。

加工されているコイン、されていないコイン

　ここまでお読みいただいたみなさんであれば、同じコインでも、加工されているものと、加工されていないものがあるのは、なんとなく想像がつくことではないだろうかと思います。

　ここで言う加工とはプルーフ加工のことで、流通を目的としたコインではなく、収集家用に特殊な処理を施したコインです。

もともと資産家や、銀行のオーナーなど向けに特別に発行され、贈答品や記念品の意味合いでつくられた、地肌が鏡面処理されてピカピカとした、擦りキズや当たりキズのないコインのことを言います。

製造にも手間がかかるため、価格も上がりやすく、100年以上前に発行されたプルーフ加工の貨幣は、その製造枚数の少なさと美しさにより通常加工の5〜10倍の値段になっています。

鑑定会社のグレードを示す表記として「PR（PCGS社のプルーフグレード表記）」「PF（NGC社のプルーフグレード表記）」が使用されています。

一方で「MS（2社とも共通の流通貨幣グレード表記）」と表記されるのがミントテイスト、いわゆる流通貨幣になります。流通貨幣とは、現在の500円玉や100円玉のように実際に物の売買に使われていた貨幣です（少しややこしいですが、「MS」グレードがつくのは、あくまでも未使用品であり、実際には買い物など市場では使用されていません。実際の流通貨幣の場合は、右の表ではAU、EF、VFなどにランク付けされています）。

一般的には、プルーフ加工されているコインのほうが高く価値が評価されます。

コインのグレードはどこで決まる？

コインのグレード、つまり評価は鑑定会社が付けています。PCGS社、NGC社の場合はいずれも右の表のように70段階で評価しています。グレードはコインのキズ、汚れ、摩耗、ゆがみ、反りなどから総合的に判断されます。

絵画や陶器、彫刻のように1点ものであれば、本物の作品かどう

PCGS社のグレーディングシステム

グレード	説　明
MS/PR-70	完全なる刻印
MS/PR-69	事実上欠点なしの刻印、ほぼ完全な刻印
MS/PR-68	ほんの少し欠点がある刻印、極わずかに弱い刻印
MS/PR-67	わずかに欠点のある刻印だが、非常によく刻印されている
MS/PR-66	へこみ、ヘアライン傷がほとんど無し。焦点エリアにキズ無し。よい刻印
MS/PR-65	へこみ、ヘアライン傷が少々あるが焦点エリアには無し。平均以上の刻印
MS/PR-64	へこみ、ヘアライン傷がほとんど無しか、あるいは数点激しいものがある。刻印は平均かそれ以上
MS/PR-63	中度のグレード。サイズマーク、ヘアライン傷があり、刻印は完全でない場合がある
MS/PR-62	磨耗無し。わずかなへこみ、ヘアライン傷があり、刻印が完全ではない場合がある
MS/PR-61	すれ無し。複数の重度のへこみ、ヘアライン傷がある。刻印が完全でない場合がある
MS/PR-60	磨耗無し。かなりのへこみ、ヘアライン傷が見受けられる場合がある。刻印の鮮明さは完全でない場合あり
AU-58	ハイポイント（凸部分）にわずかな磨耗が見られるが、細部は完全
AU-55	細部は完全であり、主に表面のハイポイント（凸部分）の1/2未満に磨耗あり
AU-50	表面ほぼ全体に磨耗あり。細部は完全であるが、ハイポイント（凸部分）にやや平たさが見られる
EF-45	細部は完全であるが、一部ハイポイント（凸部分）が平らである
EF-40	細部は完全であるが、ほとんどのハイポイント（凸部分）がわずかに平らである
VF-35	細部は完全だがハイポイント（凸部分）が平らで磨耗が見られる
VF-30	細部はほぼ完全だが平らな部分あり
VF-25	細部と文字にわずかな難あり

高い　←→　低い

以下、1～20のランクがあるが、投資対象にはならないレベルになるので、ここでは割愛。NGC社の場合は「PR」が「PF」と表記されている。PCGS社のHPのデータを基に作成。

かを見るだけですが、コインはたいてい複数枚あるので、個別にグレードを付ける必要があるのです。

　中古車であれば、ボディのキズやへコミなどがないと価値が上がるように、コインの世界もキズや汚れ、摩耗が少なければ価値が上がります。

最高グレードのものをオススメする理由

　コインを購入する際は、同じ種類の中でもできるだけトップグレードのものを選ぶようにしてください。

　つまり、MS70 もしくはプルーフ 70 をオススメします。トップグレードは鑑定枚数が一番少なく、少ないがゆえにオークションなどで売買が盛んに行われます。

　プレミア価格で取引されるので、将来値上がりする可能性が最も高いといえます。なかなかオークションに出ないコインであれば、過去の最高値を超えるオークションレコードを出す可能性も大です。

　さらに、できることなら初期製造であるファーストストライクを選びましょう。

　ファーストストライクとは、そのコインの発行が決まって最初にプレス（製造）されたものです。ファーストストライクはコイン購入時の段ボール箱に記載されているため、箱の状態で鑑定に出すとファーストストライクと認定されます。

　トップグレードの MS70 やプルーフ 70 で枚数が少ないところに、ファーストストライク認定されているコインは、さらに稀少性が高くなります。

　数が少ないということは、それだけ欲しい人が殺到する可能性が高くなるということを念頭に置いてコインを選びましょう。

鑑定済みコインのデータの読み方基礎知識

PCGS社の場合

- 1927　発行年度
- PCGS MS65　グレード
- $20　コインの金額
- 9186.65/06636291　個別番号

NGC社の場合

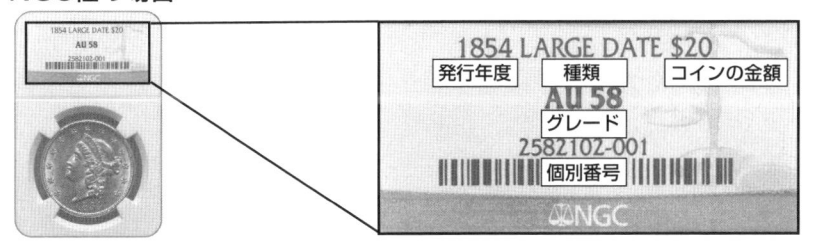

- 1854　発行年度
- LARGE DATE　種類
- $20　コインの金額
- AU 58　グレード
- 2582102-001　個別番号

基本的にはPCGS社もNGC社も表記されている要素は同じ。上図のNGC社の場合では「種類」という項目があるが、PCGS社も同様に特殊なコインの場合に表記される（ちなみに「LARGE DATE」とは年号の文字が大きいことを示す）。いずれの鑑定会社もコイン1枚1枚を個別番号で管理しており、同じ番号のものはないので識別する際には重要な要素である。

ミントマークも要チェック

モルガン銀貨に付けられたミントマーク。

ミントマーク	製造場所
C	シャーロット
D	ダロネガもしくはデンバー
O	ニューオリンズ
S	サンフランシスコ
CC	カーソンシティ
なし	フィラデルフィア

コインの中には製造場所を示すミントマークが表記されているものがある。同じ種類のコインでも各製造場所によって製造枚数に違いがあるため、ミントマークの有無やアルファベット表記が価格の評価に大きく関わってくることがあるので必ずチェックしておきたい。

14
年利50%など当たり前の
アメリカ・アンティークコイン

年利50%超えも当たり前！

　アメリカ・アンティークコインの何がすばらしいか？　ここまでいろいろお伝えしてきましたが、こと投資家に限っては、その圧倒的な利回りの良さをあげる人が多いのではないでしょうか。
　NGC社の会員である私には、毎週コインのニュースレターが届きます。その中でも値上がりニュースにはいつも注目しているのですが、**年利50%を超えるようなコインがゴロゴロしている**状況です。

実際のデータが圧倒的利回りを証明！

　コインでは基準価格がオークションでも常に意識されて、最低でも基準価格近辺で落札されます。ただし、あくまでも基準価格は指標的役割が多いので、基準価格を大きく超えて落札される場合も多数あります。
　もちろん、すべてのコインが年に20〜50%も値上がりするわけではありませんが、鑑定会社が指標となる価格を出しているおかげで、購入者は安心して購入できます。
　参考までに、右ページでは2つのコインのデータをご紹介しましょう。アンティークコインの状況を知れば知るほど、値上がりしていく可能性が高いことがわかってきます。

アメリカ・アンティークコインの脅威の値上がり実績

サンプル①　直近1年間の値上がり率は50％超！
1867 $20 MS 60

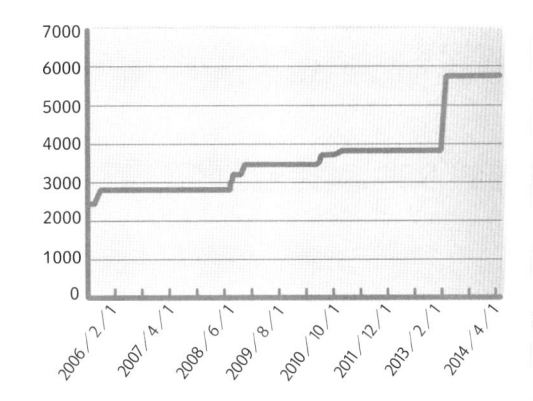

2013年2月の3800ドルの基準価格から、2014年2月には5750ドルまで上がっている。直近1年間の値上がり率は51.31%。NGC社のデータを基に作成。

サンプル②　9年間で170％の値上がり！
1856 S $20 MS 60

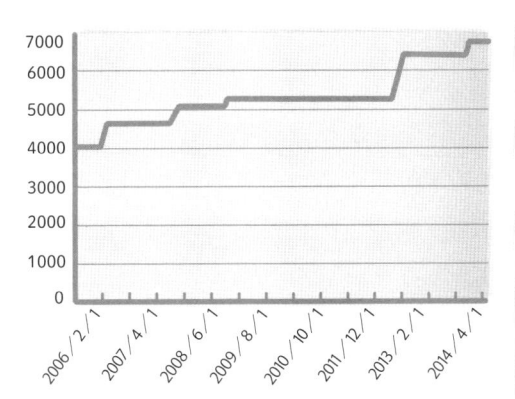

NGC社のデータによると、2005年には3970ドルだったが、2014年2月には6750ドルまで上昇。9年間で2780ドルの値幅の上昇、170％の値上がり。このコインのスペックを見るとわかるが、製造年度と製造場所が違うだけで種類はサンプル①もサンプル②も同じ。たったそれだけの違いで基準価格や値上がり率の推移が変わってしまうのがアメリカ・アンティークコインの面白いところだ。

15 アメリカコインとヨーロッパコインの166倍も違う値上がり比較

アメリカコインの底力とは？

　本書では、数あるアンティークコインの中でもアメリカ製造のものを推してきました。
　なぜなら、アメリカのコインには他のコインにはない底力があるからです。
　その底力とは、**同じような年度、グレードのコインでも欧州製造のコインとアメリカ製造のコインでは圧倒的な価格差が生じている**という現実に見ることができます。

なぜアメリカコインに軍配が上がるのか？

　なぜアメリカ製造のコインだけが、欧州製造のコインより値段が上がるのか？　そこには大きな秘密があります。
　すでにお伝えしたように PCGS 社、NGC 社の 2 大鑑定会社はアメリカ合衆国造幣局で発行されたさまざまなコインを鑑定するのが仕事です。鑑定済みコインはオークションでさまざまな人が購入します。
　たとえば Heritage というアメリカのオークション会社を例にあげると、オークションが毎週開催されています。
　そして、アメリカの鑑定会社、アメリカ合衆国造幣局、そしてア

メリカのオークション会社の誰もが、アメリカコインの値上がりを願っています。

　発行する側、鑑定する側、売買の仲介をする側3者には、アメリカコインの値上がりこそが、自分たちの利益につながるという大きな共通の意思があるのです。

　一方で、欧州でのオークションは3〜4カ月に1度です。これは、ヨーロッパコインは鑑定済みコインが少ないため、開催できる規模に満たないことが原因です。

　また鑑定に出しても良いグレードがきちんと付かないような、摩耗したコイン、クリーニングしたコイン、表面にキズがあるコイン、裸で売られているコインが多数あります。

　市場規模も小さく、クオリティも保証されていないということは、組織的な管理体制が脆弱であり、コインそのものの信用も低いと言わざるをえません。

　そのような欧州製造のコインと比較するまでもなく、アメリカのコイン市場には、値上がりさせたいという大きな意思がはたらいており、実際にそのように相場が動いているのです。

　値段だけを見れば、欧州製造のコインを買うほうが安いのですが、将来の値上がりを考えると圧倒的にアメリカ製造のコインに軍配が上がります。

カナ金売って、アメ金を買おう！

　さて、コイン投資をまだまったく知らない人が真っ先に思い浮かべるコインといえば、カナダ王室造幣局製造発行のメイプルリーフ金貨でしょう。

　金貨で最も発行枚数が多いと言われています。信頼性が高いので

世界中の金投資を行っている人から人気があります。金と米ドルのレートだけが、メイプルリーフ金貨の価値を決めます。

メイプルリーフ金貨もアメリカ・アンティークコインと比較してみましょう。

メイプルリーフ金貨など地金型金貨と言われるものは、優れた換金性があり、小さな金買取店でも金の市場価格に近い金額で売却が可能です。すぐに現金に換えたい資産があるという場合には、メイプルリーフ金貨に替えることをオススメできます。

しかし、人気が高いのも考えものです。メイプルリーフ金貨は発行枚数が多くて、デザインは常に同じなのです。つまり、稀少価値という部分では、マイナス材料でしかありません。

少し考えればわかることです。いつでも買えるもの、流通量があまりにも多いものが値上がりするのでしょうか？

値上がりするのは、みんなが持っていないものなのです。デザインが良くて、枚数が少なくて、しかもグレードで裏付けされている安心感のあるものなのです。鑑定済みの絵画や、彫刻、クラシックカーなども誰もが簡単に手にできない、限られたものを競って買うからこそ値上がりするのです。

もちろん、メイプルリーフ金貨を買う人のほとんどは、国が破綻してドルやユーロや円などの貨幣が紙クズになってしまうのではという不安があるでしょう。

したがって、**急な現金を必要とする部分はメイプルリーフ金貨で持っておき、それ以外はアメリカ・アンティークコインに替えるという使い分けが賢明**です。

「カナ金売って、アメ金買おう」とは、金地金の資産価値を上回る可能性の高い、鑑定済みアメリカ金貨に資産の一部をシフトするべきという意味です。

同じ年度・重さ・グレードのコインで見る欧米の差

イギリス　ソブリン金貨
1872 MS62 NGC

[発行年度] 1872年
[重　　量] 7.988グラム
　　　　　（金91.7%、銀・その他8.3%）
[グレード] MS62

↓

2014年現在実勢価格

12万円

アメリカ　リバティ金貨
1873-CC $5 PCGS MS62

[発行年度] 1873年
[重　　量] 8.359グラム
　　　　　（金90%、銀・その他10%）
[グレード] MS62

↓

2014年現在実勢価格

2000万円

スペックはほぼ同じだが…

アメリカ・アンティークコインの価格は166倍も高い！
（他の年度のMS62グレードでも、200～1000万円クラスはゴロゴロある）

第2部　実践！　アメリカ・アンティークコイン投資

16
コインはどこで買うべき？
あなたに合った購入方法を探そう

コインが買えるところは主に4つ

　コインの基礎知識を学んだところで、いよいよコインの購入方法についてご説明しましょう。
　主にコインが購入できるところは次の通りです。それぞれについて説明していきましょう。

◎　オークション（海外・日本）
◎　コイン専門店（ネット通販）
◎　コイン・ショー（コンベンション）
◎　愛好家サークル

海外オークション　　　　　　　　　**難易度★★★★★**

　最も安くアメリカ・アンティークコインを購入できる方法ですが、英語のスキルが必要だったり、オークションを通さなければならないなど、それなりにハードルが高い購入方法です。
　たくさんのコインを集めたい方は、チャレンジする価値は高いですが、初めから大きな金額をオークションに入れないように注意してください。
　ヨーロッパのオークション会社はメールの返事なども遅く、また配送も購入後1カ月してからやっとコインが届くような状態です

（欧州のオークションにもアメリカ製造のコインは出品されています）。

　オークションでの注意点は鑑定済みコインを買うことです。鑑定されていないものを購入し、あとで鑑定に出したとき、クリーニングされていたり、キズがあるという判定を受ける可能性があります。

　アメリカのコインディーラーに鑑定の依頼を代行してもらった場合、50〜90ドル程度でできます。つまり鑑定に出すこと自体は簡単なことなのに、鑑定されていないということは、ワケありコインかもしれません。

　ただ、**難易度とリスクは非常に高いですが、レア物を探すには必須の入手場所**とも言えます。

　レアな動物を見に、危険なジャングルに踏み込むと言えば、わかりやすいかもしれません。レアコインを危険と引き換えに狩りに行き仕留める。そんなイメージです。

　なお、海外オークションについては次節で詳細に説明します。

コイン専門店（ネット通販）　　　　　　　　　　難易度★

　いわゆるインターネット上で画像や動画をもとにコインの販売を行っている専門店です。選ぶポイントとしては、コインの画像などをアップしている店よりも、コインに関する文字情報が多数掲載されているサイトがオススメです。

　たくさんの文字情報が掲載されているということは、コインに関する知識が豊富であると捉えることができ、反対にコインの画像を大量に並べているのは知識の乏しさを見た目でごまかそうとする意図が見え隠れしており、やや信頼性に欠けると判断できます。

　また、メールでしか対応しない店などは避けるのが賢明です。電話番号が記載されていれば、購入前に必ず電話をしてコインを実際に見ることができるかどうかを店舗責任者に相談してみましょう。

電話で話せば信用が置けそうな店なのかどうか、ある程度の見分けができます。

　電話で話したり、実際にコインを見せてもらうなどして親密になれば、レアコインを紹介してくれるようになるかもしれません。

　いい店舗を見つけるとコイン投資がぐっと楽しくなると思います。

　コイン専門店についても、のちほど詳細に説明します。

コイン・ショー　　　　　　　　　　　　　　　　　　**難易度★★★**

　たくさんのコインショップがブースになって出店されている展示即売会です。

　「コインコンベンション」とネット検索してみましょう。「東京国際コイン・コンベンション」などの情報が表示されるはずです。

　このコンベンションは2014年の5月に東京・日本橋のロイヤルパークホテルで開催されました。鑑定会社や欧米のコイン商も出店しています。入口で名前を書けば写真撮影はできませんが、ブース内を自由に行き来できます（今後の開催の入場方法は要確認）。

　種類は豊富でレアコインも売られていますが、基本的に価格が高めに設定されています。

　おそらく通常の店舗での販売価格とコンベンションでの価格に違いがあるのでしょう。

　ある程度のコインの知識がないと適正価格がわからないまま購入してしまう恐れがあるので気をつけてください。冷静に出店ブースを見ることが最も重要です。

　難易度を★3個としているのは、開催されることが少ないためです。

リスクとレアモノ発見度を含めた比較

	難易度	リスク	レアモノ発見度
オークション	★★★★★	★★★★★	★★★★★
コイン専門店	★	★★	★★
コイン・ショー	★★★	★★★	★★★
愛好家サークル	★★★★	★	★★★★

愛好家サークル　　　　　　　　　　　　難易度★★★★

　愛好家サークルはコインショップの顧客同士であったり、フロアオークション（ホテルなどで開催）などで知り合いになった方々によるクローズドな集まりです。経営者仲間で自分のコインを見せ合うといった人たちも、愛好家サークルの一種と数えられるでしょうか。

　実際、私自身がリーダーとなって会員制のクラブをつくったりもしています。

　愛好家サークルを探すのは難しいので難易度は高いのですが、危険性は低くレアコインの入手も可能です。海外のコインショップやオークションにも強い人がいれば、売るときも助けになってくれるでしょう。

17
ハードルは高い!?
オークションと4つのチェックポイント

オークションに挑戦！

　前節で説明しましたが、海外オークションでコインを購入するには英語スキルなどが必要になりますが、そのぶん**レアコインを発見しやすかったり、安く購入できる**などのメリットがありましたよね。
　私がよく利用する代表的な海外オークションには次のようなサイトがあります。

> ◎「Heritage オークション」
> http://www.ha.com/
> ◎「SIXBID.COM」
> http://www.sixbid.com/
> ◎「GOLDBERG オークション」
> http://www.goldbergcoins.com/content/

　ここでは「Heritage オークション」を例に、会員登録から購入までの一連の流れと注意点をまとめました。他のサイトも基本的には同じような流れです。
　ハードルは高いのですが、ぜひ挑戦してみてください。

①オークション会社のサイトに会員登録する。

　ホームページを開いたら、会員登録ページへ進み、自分の参加したいジャンル（Coins）や、クレジットカードの情報を含めた個人情報を記入します。ある程度の英語力とパソコンスキルは必須です。

会員登録ページ。Coins を選択し、Yes,I would ～のチェックを入れ、メールアドレスを登録し、Continue ボタンを押す。メールが送られてくるので、記載のリンクから自分の名前や住所等を入力し登録する。

②オークションの日程を調べる。

　オークションは毎日のように開催されていますが、オークション会社によって日程は異なります。オークションの日程を調べたら、自分が落札したいコインのチェックを始めます。

　やみくもに買っていてはいつまで経っても儲けることができないので、狙いのコインをいくつか絞り込むことが大切です。

オークション予定のページ。写真をクリックすると、出品しているコインの画像や詳細を確認可能。開催場所、カタログ公開日、オークション日程、委託期限、入札日程など閲覧できる。

③入札と落札

　お目当てのコインを落札したければ、金額を入力後 PLACE BIT のボタンを押します。お気に入りに入れて、後でチェックするには、TRACK THIS LOT のボタンを押します。オークションの締切までに自分の入れた金額を上回る値段がつかなければ落札成功です。

　ライブオークションと呼ばれるリアルタイムのオークションでは、自分の落札価格を上回るとすぐにアラートが表示されるので、支払い可能な限りの金額を入れて落札を競うことになります。オー

クションによっては結果が締切までわからないこともあります。

入札ページ。このページでコイン画像をチェック。キズや汚れの無いコインかを確認しよう。ページ下部にて、直近のオークション落札価格や、2大鑑定会社の残存枚数や基準価格も確認可能。

④支払いと配送

　落札後、海外への銀行送金は銀行窓口に行かなければなりませんが、銀行員も不慣れなので、振り込み先の入力に対し多くの確認や時間を要します。振り込み先の口座詳細などを印刷して万全の態勢を整えてから銀行に海外送金を依頼してください。

　クレジットカードでの支払いにはほとんどのオークション会社は対応していますが、上限が30万円などと少額の場合がほとんどであり、コイン投資には向いていません。

　また、海外から配送されるので時間がかかります。オークションの規模や国によって違いますが、代金支払い完了から到着まで1カ月ほどかかる場合もあります。また、落札金額が20万円を超える場合、日本の税関で申告が必要になります。

18
私の経験から得てほしい
オークションの注意点

オークションへ挑む前に

　オークションの流れはご理解いただけたでしょうか?
「意外と簡単じゃん」
「自分１人では厳しいかも」
　いろいろな感想があるかと思います。ただ、レアコインをいち早くゲットするためにはぜひ挑戦していただきたい道。ナメてかかるのも問題ですが、怯(おび)えすぎて一歩も踏み出せないのももったいない。
　ここでは、私や私のクライアントの経験をもとにオークションの怖さをお伝えしますが、**ほんのちょっとの注意で回避できるものがほとんど**です。
　みなさんには、一定の警戒心と勇気をもってオークションに挑んでいただければと思います。

クリーニングなどグレードに書いていない内容に気をつける

　あるフランスのインターネットオークションを試したときのことです。
　サイトには金貨の表裏の画像と、オークションハウスが付けているグレードが記されていました。グレードはアメリカの鑑定会社のように70段階ではなく、6段階程度のものです。
　そこで私は最高グレードのコインを数枚落札したのですが、

PCGS社、NGC社の大手2社のグレードの信用性を身をもって実感することになりました。

コイン購入後、1カ月ほど経過し、やっと金貨が数枚届きました。

その後、アメリカの鑑定会社のPCGS社に鑑定を依頼したのですが、その中の1枚がクリーニング（コインを洗ったりしてきれいにする）という低いグレードが付いて戻ってきたのです。

鑑定されたコインには「クリーニング」と記載され値段が下がり、なおかつオークションでも敬遠されます。売りづらくなるのです。

普通であれば、クリーニングしていることがサイトに明記されていて当たり前のところですが、フランスのインターネットオークションのサイトには、そんな表記はありませんでした。

私はメールでクレームを伝えましたが、時すでに遅し。鑑定に出していたために入手からさらに1カ月以上経過していたので、「なんで受け取ってすぐ言わないの？」と逆ギレされ、結局返品はできませんでした。

偽物の疑いのあるオークションハウスは避ける

私のお客様から、日本の大きなオークションハウスのサイトに載っていたコインについて問い合わせが来ました。そのサイトで紹介されていたのはイギリスのコインで、グレードは最高、非常に美しく、世界に数枚レベルでしか存在しないコインでした。200万円以上の価格で売られていました。

私は念のため、コインの出所をアメリカのオークションハウス、PCGS社の鑑定、オークション結果などから探しましたが、なかなか見つかりません。PCGS社の鑑定コインには個別番号が付いており、その番号を追えばどのオークションでいつ売れたかを調べることができます。

最も良い方法は、売られているコインの鑑定会社のサイトで個別番号を確認することです。ここに個別番号を入れて検索に引っかからなければ、そのコインは存在していないということです。またHeritageオークションで検索することもある程度有効です。ある程度というのはHeritageオークションで一度も出品されていないと、検索できないためです。
　しかし結局、出所がわかりませんでした。
　オークション期日前に引っ込められたため、もしかしたら偽物だったのかもしれません。

高い値段で買いすぎない

　オークション商品には、オークションハウスが付けた、だいたいこれくらいの買値だろうという目安金額があります。
　しかし、まわりの雰囲気や競合相手との駆け引きで熱くなり、目安を大幅に超えた金額で購入してしまうことがあるので注意が必要です。
　私はいつもネットオークションで入札しているのですが、目安金額の4倍という値段で購入してしまった経験があります。
　規模の大きなオークションハウスの、出品枚数がとても多いリアルのオークションの場合など、大資産家が専用バイヤーを送り込むのですが、彼らは資金が豊富なので目安金額など関係ないもののように値段をどんどん上げて入札してきます。
　このような場の雰囲気に飲み込まれたら、間違いなく金銭感覚が狂ってしまうでしょう。

19
アメリカ・アンティークコインに強いお店とは？

高値買いを避ける最も確実な方法

　前節でお伝えした通り、オークションだとどうしても欲しいコインがあった場合、高値を追いかけてしまう可能性があります。では高値買いを避けるためにはどうすればいいか？

　一番確実なのは、コインショップで購入することになります。なぜならコインショップであれば、値段も固定されていますし、セール品の安いコインも購入できるからです。

コインショップもアメリカがオススメ

　コインショップもアメリカのお店から買うのがオススメです。もちろん、海外オークションサイトと同様に英語の問題や輸入や税金の問題もあります。

　アメリカのコインショップは、ヨーロッパのオークションなどよりは高い信頼性がありますが、やはり実際に購入するにはハードルが高いでしょう。トラブルがあった場合になかなか解決しにくいからです。

　アメリカのコインショップから買う場合の注意点としては、コインの写真がきちんと撮れているショップを選ぶことです。異様に白っぽくなっている写真を見かけることがありますが、おそらく補

正をかけてコインのキズや汚れを隠そうとしているのでしょう。

　私がオークションや海外のコインショップから多数購入できるのは、英語にあまり抵抗感がないためです。そうは言っても、英語で海外のオークションやコインショップとコミュニケーションを取るのはかなりの経験が必要です。

日本のコインショップから購入する方法

　実際にアメリカ・アンティークコインを購入するなら、第一歩として日本のショップをチェックしてみてください。**日本のショップでいくつか購入し、あらためて海外オークションなどにチャレンジするという段階を踏む**のです。店舗によっては現物のコインを見ることもできるのは大きな強みです。

　では、日本のコインショップから購入する方法について説明していきます。

　実際に店舗を構えている店が理想ですが、現状ではアメリカ・アンティークコインを多く揃えているような店舗はありません。しかし、現在ではさまざまなものは、通信販売が主流となっていますので、店舗がないからといって必要以上に不安になることもないでしょう。日本のコインショップの選び方でチェックする箇所は次の5つです。

①販売者が顔出ししている

　やはり、一番に注意する点はコインの仕入元が信用できるか？というところでしょう。販売者が顔出ししていれば、それは自信の表れと見ていいかもしれません。

②販売店舗がアマゾンなど審査の厳しい販売経路で販売している

　アマゾンなど審査の厳しい販売経路でも販売していれば信用できるでしょう。アマゾンは在庫のない商品販売や、お客様の評価に対し厳しい態度を取っており、不良店舗はすぐに出店アカウントが取り消しになるからです。

　日本のヤフーオークションなどに出品されているコインは偽物の混入の可能性もあるので、信用しすぎてはいけません。個人が仕事の片手間に販売しているケースがほとんどです。コインのことに関する知識もないといってもいいでしょう。悪意なく知らずに偽物を販売しているかもしれません。

③ヤフーやグーグルなどのサイトで上位に表示されている

　検索エンジン大手のヤフーやグーグルでの上位表示も参考になります。上位表示されるには、多くのサイトから評価されていることと、サイト情報の質の高さが重要だからです。

④価格が適正である

　価格が適正かも大きな要素です。外国の金貨・銀貨というだけでとんでもない高い値段を付けているショップもあります。そのような場合は店舗に電話して内容を確認してみてください。

⑤鑑定ケース入りのコインを販売している

　鑑定ケースに入っていないコインを主に販売しているショップもありますが、アメリカ・アンティークコインは1つグレードが上がるだけで値段が倍になることも多々あります。一方、鑑定していないコインは価格も不透明で、売りにくいし、買いにくいのです。

20
コイン投資の入口戦略
利回りを知るためのコツとは？

コイン投資で利益を得るには？

　第2部では多くのページを割いて、コインの種類や購入方法などについてお伝えしてきました。
　しかし、本書は投資の本です。最後の2節では、いかにコイン投資で高利益を得るか、その心構えと方法をお伝えしていきます。

いかに安く買うか

　当たり前ですが、投資で最も重要なのは、いつ買って、いつ売るかということです。
　株式投資やFX投資、不動産投資においても、どの価格で買い、いくらで売るかが最重要課題と言っても過言ではありません。
　不動産の場合、転売、もしくは家賃収入を得るために賃貸をして利益を得るわけですが、当然買値が安ければ転売もしやすく、賃貸の場合も家賃に対する利回りが良くなるわけです。
　株式やFXも安く買って高く売る。もしくは高く売ってから、安く買い戻すという手法を取ります。
　この点に関しては、コイン投資もまったく同様です。まずは、安く買う方法を正しく理解しなければなりません。

適正価格をどうやって見抜くか

　安く買うには適正価格を知ることが重要です。

　不動産であれば、家賃相場や中古物件の価格が、適正購入価格への大きなヒントとなります。

　たとえば、東京23区に6500万円で75平米の中古マンションを購入したとします。家賃を月25万円としましょう。この場合は、単純に年間300万円の家賃収入があり、4.6％の利回りとなります。しかし、この物件を1億3000万円で買った場合は、年間2.3％の利回りになってしまいます。

　ではコインの場合はどうでしょう？　100万円の価値の金貨を100万円で購入できれば、年間利回り20％としても、5年後には200万円になります。しかし、20万円の金貨を100万円で買ってしまった場合、年間利回り20％として、5年後でも40万円にしかなっていません。100万円で買ったのに、5年後でも40万円の価値しかないということです。

　入口で間違うと、売るときに損をする可能性が高くなるため、まずは購入価格をよく確かめる必要があります。購入価格を知るには、鑑定済みのコインが最も適しています。

　基準価格や同グレードのオークションレコードなどで把握することができます。ぜひ、80ページで紹介したHeritageオークションに登録してみてください。コインをオークションで購入するのはハードルが高いとしても、自分の欲しいコインが、グレードによって値段が変わることや、残存枚数も確認できます。

利回りの予想

　購入価格からどうやって利回りを予想するかといえば、PCGS社、NGC社の基準価格の推移のチャートが一番わかりやすいです。

　ファンドなどで見ることができる価格チャートのように、2大鑑定会社では、コインの年度とグレードによって過去10年間の基準価格推移を掲載しています（2大鑑定会社に入会する必要あり）。

　基準価格のきれいな推移のコインがあれば、1年あたり20％の値上がりが見込めるなど、お宝コインを発掘できる可能性も高まります。

　Heritageオークションの会員になって自分の欲しいコインを検索し、オークションでの実績を見るなども良い戦略です。過去の実績も見ることができるので価格推移も容易に確認できます。

　本来なら本書でもその資料を掲載したいのですが、いくつかは権利関係の都合上お見せすることができません。ただ、37ページの図のように、10年間でアンティークコイン全体は227％の伸び率があります。5～10年のように長期投資で考えると高い利回りが期待できそうです。

　私が投資全般に対し考える最も大事なことは、自分で投資する市場が伸びているのか、足踏みなのか、落ちているのかです。

　年月が経つほどに値上がりし続ける市場は少なく、そのような市場はアンティークコインやクラシックカーなどごく一部の市場に限られています。

　現物資産で数が少ないものは、値段が上がる可能性が高いというより、実際に値上がりしているのです。

21
コイン投資の出口戦略
長期的手法、短期的手法とは?

コイン投資でも売りやすさは重要

　では、出口戦略についてはどう考えればいいでしょう?
　投資の基本は出口戦略と言えます。出口とは買ったものは売り、売っていたものは買い戻して、ポジションをゼロ(スクエア)に戻すことです。
　これが、投資で最も難しいと言われています。株やFXでも利益が出ているときは、もっと儲けたいと思って決済することがなかなかできません。あるいは相場が急変するようなときは、不安感から手放してしまう可能性も高いものです。
　コイン投資では、まずは売りやすいということが重要な要素になります。

売りやすいコインの特徴

　実際に売りやすいコインとはどんなコインなのでしょうか? 自分が実際に落札したコインの特徴をあげてみました。

① 鑑定済みコインである。
② キズや汚れが少なく、クリーニングしていない。
③ 落札価格が適正である。つまり販売する際に適正な価格で売

> ることができる。
> ④ モルガンダラーやリバティ、ウルトラハイリリーフ、ファーストスパウズシリーズなど人気のコインである。
> ⑤ 日本人にも人気であれば、日本国内のオークションでも簡単に売れる。

　日本のオークションでも、鑑定していないコインが出品されていますが、状態が悪い、キズが酷いなどのものばかりで、とても買いたいとは思えません。「鑑定済みコイン＝買いやすい・売りやすい」だと思って間違いありません。

私の売却方法

　出口戦略には、大きく2つのパターンがあると考えるとわかりやすいでしょう。
　すなわち、5～10年保持して200％の利回りを狙う長期的な方法と、20～30％の値上がりを見込めたら売却を検討する短期的な方法があります。
　20％といっても、日本の銀行の定期預金の金利に比べると凄(すご)さが理解できるでしょう。定期預金の金利が年0.3％だった場合、20％はその66.7倍になります。仮に3年かけてコインが20％値上がりした場合でも、定期預金の22倍（1年で）の利回りとなります。
　より具体的に私の出口戦略をお話しすると、私の場合は2つ目の方法に近いといえます。だいたい20～30％の利益で売却します。メルセデスやBMWなどの輸入車のディーラーと同じように海外からコインを仕入れ、国内外に売却をします。だいたい、80～90％以上のコインはこの方法で売却しています。

もちろん、数は少ないのですが半年以上動かないコインもあります。それらは、やむなくオークションなどで原価割れで売却処理することもあります。ただし、保有していれば値上がりする可能性が高いので、無理に安値で売る必要はありません。

　急いで売らなくてもいいコインは、アメリカのコイン商か、Heritage オークションの担当者にいくらで売れるかを相談しています。

　アメリカで売るのは、アメリカから買うのと同じくらいハードルが高いのですが、日本国内のコイン商に委託販売するか、もしくは買取を依頼する、オークションに代行で出品してもらうなどの選択肢もありますのでご安心ください。

　アメリカ・アンティークコインが人気だからといって、すべてのコインの人気があるわけではありません。まずは、どのコインを買うかを検討しましょう。98 ページから多くのコインを紹介しているので参考にしてみてください。

アンティークコインで大富豪へ ── あとがきに代えて

　いかがだったでしょうか？

　私はいろいろな方にアメリカ・アンティークコイン投資の世界をお伝えしているのですが、みなさんが一様に驚かれるのが、コインが鑑定されているという事実です。

　絵画や巻物、陶器などの美術品に偽物が多いことは、テレビ東京の人気番組「開運！なんでも鑑定団」が証明しています。先祖が数十万、数百万円で購入したお宝が 5000 円とか 1 万円にしかならず、がっかりした出演者の顔が毎週テレビに映し出されています。開運どころか不運です。

しかし、本物のお宝が出てきたとき、鑑定師は「大事に代々持ち続けてください」と言います。裏を返せば、本物であれば、年月が経つほどに価値が上がることを知っているわけですね。

　本書の中でも、鑑定済みのアメリカ・アンティークコインは年月とともに値段が上がることを説明してきました。

　実際、コインを写真や動画で見るのと実物を見るのはまったく違い、本物だけが発しているオーラがあります。このあたりは、絵画や彫刻などと同様ですね。アンティークであること、金や銀が素材で使われていること、当時の一番優秀なデザイナーがデザインしていること……。これらが年月とともに味を出しているのです。

　したがって、「まえがき」でもお伝えしたように私は当初カンガルー金貨から買い始めましたが、すぐにアメリカ・アンティークコインこそが本当に買うべきコインであることに気がつきました。

　始めたばかりのころは私も初心者であり、さまざまな失敗もありました。どうしても欲しいコインが買えない悔しさもたくさん味わったものです。

　しかし、アメリカのオークションを調べるのは、本当に楽しい作業でした。たくさんのお宝といえる情報が隠れていたからです。残存枚数や、グレード、コインの人気度、さまざまなバリエーションなどから価格が決定されているというシステム、人気コインの入札合戦で、とんでもなく値上がりする様子などをライブで体験しました。

　そして、何度も何度もオークションやコインショップで購入することで、いつしかオークション会社やコインショップの方とも仲良くなり、なかなか入手できない情報にもアクセスできるようになりました。

　ついには、自分ではなかなか買えない高額のコインを見たくて、

コイン収集をしている大富豪を訪ねロスアンゼルスに行ったこともあります。そこでは1億円を超える金貨など数十点を見ることができました。まさに本物の風格があるコインばかりで、本書の表紙にも載っている10ドル金貨「ドレープドバスト」の"スモールイーグル"もありました。

　この方は30億円分のアンティークコインを所有し、アンティークコインで大富豪になったのです。私はこの大富豪からアンティークコインで成功するための、さらに重要な秘訣（ひけつ）を聞けたのですが、それは次の機会にお話しできればと思います。

　最初によく理解していない投資に手を出すことは不安だと思います。しかし、欧米では当たり前の投資であり、日本が遅れているだけにすぎません。自信を持って挑戦してみてください。

　もし、本書を読んでも不明な点があれば、巻末の私のプロフィール欄に記載したアドレスにご連絡ください。

お宝アメリカ・アンティークコイン1

プルーフ仕上げなら500万円など当たり前の初代1オンス金貨

20ドル金貨　リバティヘッド

［発行期間］1850～1907年［発行枚数］1～6,256,699枚

参考画像：1893-S $20 PCGS MS62
［2014年現在実勢価格］25～28万円
［発行枚数］996,175枚［直径］34ミリ
［重量］33.4グラム（金90％、銅10％）
［デザイナー］James Barton Longacre

［実際のオークション結果］

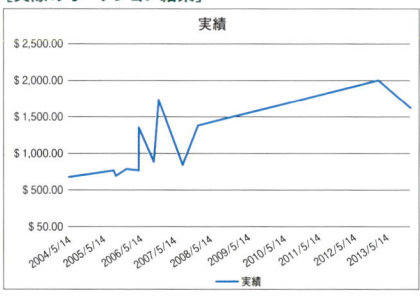

本書の巻頭3ページで紹介した「セントゴーデンズ」の一世代前の金貨。大きさや重さは「セントゴーデンズ」と同じ。20ドル金貨「リバティヘッド」は大きく分けて3種類ある。
①裏面に IN GOD WE TRUST の文字がない
　タイプ1「ノーモットー」
②裏面に IN GOD WE TRUST の文字がある
　タイプ2「TWENTY D」
③裏面の文字が TWENTY DOLLARS になった
　タイプ3「TWENTY DOLLARS」
　原則としては、タイプ1が一番古く値段が高い。次がタイプ2、タイプ3の順。しかし、発行年度によっては枚数も少なく激レアのコインがあり、数百万円からときには数千万円の値段が付く。

2004年5月は672ドルだったが、2013年2月には2000ドルの高値をつけている。9年間で約3倍の値上がり。現在の平均価格は1700～1800ドル。

お宝アメリカ・アンティークコイン2

インディアンのお姫様はこんな髪のデザイン？

3ドル金貨　インディアンプリンセスヘッド

［発行期間］1854～1889年［発行枚数］500～82,304枚

参考画像：1856 $3 NGC/CAC AU55
［2014年現在実勢価格］20万円
［発行枚数］26,010枚［直径］20.5ミリ
［重量］5.02グラム（金90％、銅10％）
［デザイナー］James Barton Longacre

　発行枚数が少ないが、プルーフ仕上げとなるとさらに20～291枚しかないというかなり稀少なコイン。プルーフの63グレードでは実勢価格170万円くらいから購入可能。
　鑑定会社の評価額が高い実勢価格80万円以上のレア年度は1854D、1854O、1857S、1858、1860S、1865、1873、1877、1881。

お宝アメリカ・アンティークコイン 3

最高価格 1 億円の実力派金貨

10 ドル金貨　リバティヘッド

［発行期間］1838 〜 1907 年［発行枚数］43 〜 3,877,220 枚

参考画像：1899 $10 PCGS MS62 OGH
［2014 年現在実勢価格］11 〜 15 万円
［発行枚数］1,262,219 枚［直径］26.8 ミリ
［重量］16.7 グラム（金 90％、銅 10％）
［デザイナー］Christian Gobrecht

［実際のオークション結果］

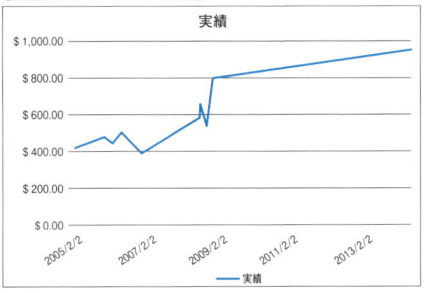

　リバティ絵柄の 10 ドル金貨で、20 ドル金貨の「リバティヘッド」に比べ重さが半分。しかし、アメリカ金貨は単純に金自体の重さが価格にかかわるというより、残存枚数やグレードの良し悪しが価格に大きく影響する。一番高いものでは 1 億円もの値段がついている。

　20 ドル金貨同様にタイプ 1「ノーモットー」、タイプ 2「TEN D」、タイプ 3「TEN DOLLARS」に大別される。

2005 年 2 月は 425 ドルだったが、2014 年 3 月には 950 ドルの高値を付けている。9 年間で約 2.2 倍の値上がり。現在の平均価格はおよそ 900 〜 1000 ドル。

お宝アメリカ・アンティークコイン 4

第 2 世代の 5 ドルキャップドヘッド

5 ドル金貨　キャップドヘッド

［発行期間］1813 〜 1834 年［発行枚数］635 〜 263,806 枚

参考画像：1834 $5 Capped Head　Plain 4 MS61 NGC
［2014 年現在実勢価格］600 万円
［発行枚数］50,141 枚［直径］25.0 ミリ
［重量］8.75 グラム（金 91.7％、銅 8.3％）
［デザイナー］Robert Scot & John Reich

　キャップをかぶったリバティ（女神）の首から上までが描かれているデザイン。年度によって異なるが、AU55 のグレードが実勢価格で 180 万円くらいから購入可能。

　1813 〜 1829 年が直径 25.0 ミリで、1829 〜 1834 年が 23.8 ミリと年度によって直径が異なるのも特徴である。重量は同じなので、直径が小さい方がコインに厚みがある。幻と言われる 1822 年製造は、6 億円もの値段がついている。

お宝アメリカ・アンティークコイン 5

比較的安価で購入できる、コイン投資デビュー向け

5ドル金貨　リバティヘッド

［発行期間］1839 〜 1908 年　［発行枚数］20 〜 3,648,000 枚

参考画像：1907-D $5 PCGS MS62
［2014 年現在実勢価格］10 万円
［発行枚数］888,000 枚　［直径］21.65 ミリ
［重量］8.24 グラム（金 90％、銅 10％）
［デザイナー］Christian Gobrecht

［実際のオークション結果］

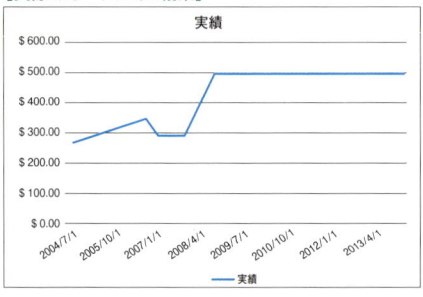

「ハーフイーグル」と呼ばれる 5 ドル金貨。デザインはタイプ I「ノーモットー」と、イーグルの上に「IN GOD WE TRUST」のモットーが書かれているタイプ 2「ウイズモットー」の 2 種類がある。

　この金貨は 5 ドルなので値段も手ごろであり、たくさんオークションに出品されている。1885 年以降のものは、比較的安価での購入可能。

2004 年 7 月は 270 ドルだったが、2013 年 7 月には 500 ドルの高値をつけている。9 年間で約 1.8 倍の値上がり。現在の平均価格はおよそ 500 ドル。もっと高いグレードのものや残存枚数の少ないものであればさらに値上がりしている。
左記のチャートはエントリープライスの金貨であっても値上がりするという一例を示す。どれでも買えば値上がりするという考え方は危険だが、年数が経過すれば値上がりする可能性が高くなることは間違いない。

お宝アメリカ・アンティークコイン 6

最もポピュラーなクォーター金貨

2.5ドル金貨　リバティヘッド

［発行期間］1840 〜 1907 年　［発行枚数］400 〜 1,404,668 枚

参考画像：1893 $2 1/2 MS64 NGC
［2014 年現在実勢価格］20 万円
［発行枚数］30,000 枚　［直径］18 ミリ
［重量］4.18 グラム（金 90.0％、銅 10.0％）
［デザイナー］Christian Gobrecht

　1840 〜 1907 年の 68 年間もの間発行されており、デザインも大きな変更がなかったのが特徴。5 万円程度から購入できるアンティークコインのデビュー金貨としては最適。

　枚数は 400 〜 1,404,668 枚と年度によってかなり開きがある。最も発行枚数の少ないのが 1875 年度で、MS64 グレードでは実勢価格 1300 万円にもなる。

お宝アメリカ・アンティークコイン 7

ファーストレディをモチーフにした純金金貨

ファーストスパウズシリーズ

［発行期間］2007年～ ［発行枚数］1,893～19,823枚

参考：2008-W ヴァンビューレン・リバティ 10ドル金貨
PCGS Proof 70 DCAM
［2014年現在実勢価格］28万円
［発行枚数］7,515枚 ［直径］26.5ミリ
［重量］15.5グラム（金99.99％）
［デザイナー］Christian Gobrecht/
Thomas Cleveland

2007-W ジェファーソン・リバティ

2008-W ジャクソンズ・リバティ

2010-W ブキャナンズ・リバティ

　ファーストスパウズシリーズは2007年から現在まで発行されている99.99％金の純金金貨のシリーズで、いわゆる記念コイン。アンティークコインではないが、当然デザインも洗練されておりひときわ人気が高い。

　名称通りアメリカの歴代大統領の夫人をモチーフにしており、大統領が結婚していなかった場合、アメリカの歴代コインのリバティ（女神）をデザインして発行されている。ちなみに、リバティになっているのが左の4種類。MS仕上げ、プルーフ仕上げともにある。

　ファーストスパウズシリーズは、発行枚数が少ないのが特徴で、「2009-W サラ・ポーク」のMS仕上げが最も少なく、わずか1,893枚しか発行されていない。MS70かプルーフ70の最高グレードを保有しておけば値上がりはほぼ確実。実際に私自身が保持している結果は以下の表の通り。いずれも2013年4月に購入している。

　ここではリバティのみをクローズアップしたが、このシリーズではほかにも枚数が少なく人気の高いコインも多数ある。今は日本人が注目していないので価格が抑え目だが、注目度が増すほどに値段が上がっていくはずだ。

実際に購入したファーストパウズシリーズの値上がり率

	2013年4月（購入時）	2014年4月時点	値上がり率
2007-W ジェファーソン・リバティ	$822	$1275	155.1％
2008-W ジャクソンズ・リバティ	$1762	$2000	113.5％
2008-W ヴァンビューレン・リバティ	$1410	$2000	141.8％
2010-W ブキャナンズ・リバティ	$1116	$1525	136.6％

※コインはいずれもPCGS社のプルーフ70グレード

お宝アメリカ・アンティークコイン 8

貿易銀として使われていた稀少銀貨

1ドル銀貨　トレードダラー

[発行期間] 1873 〜 1885 年 [発行枚数] 97,000 〜 5,227,000 枚

参考画像：1874-S T$1 AU58 PCGS. CAC
[2014 年現在実勢価格] 15 万円
[発行枚数] 2,549,000 枚 [直径] 38.1 ミリ
[重量] 27.20 グラム（銀 90.0％、銅 10.0％）
[デザイナー] William Barber

表面デザインは右手に杖を、左手に「LIBERTY」と描かれたリボンを持った、俵の上に座る自由の女神。腰のあたりに描かれているのは小麦の束。下方には「IN GOD WE TRUST」と台座の下部に小さく刻印されている。

裏面は 3 本の矢を持ったワシの絵柄の上に「E PLURBUS UNUM」、下に「420 GRAINS（穀物）900 FINE（銀の%）UNITED STATES OF AMERICA」と「TRADE DOLLAR」という文字が入っている。

発行枚数が多い年度のコインは比較的安く入手でき、15 万〜 20 万円で買えるものも多数ある。1878CC 年度は発行枚数が少なく、MS60 グレードで実勢価格 250 万円ほど。

レア年度は 1875-S/CC 年度。ミントマーク S と C の 2 文字が刻印されているコインがある。2014 年現在の実勢価格は 70 万円。

ミントマークは裏面下部に小さく記されている。写真は 1874-S 年度のもの。

お宝アメリカ・アンティークコイン 9

安くても 180 万円オーバーの実力者

5ドル金貨　ドレープドバスト

[発行期間] 1795 〜 1807 年 [発行枚数] 3,609 〜 54,417 枚

参考画像：1798 $5 Large Eagle, Large 8, 13 Star Reverse AU50 NGC
[2014 年現在実勢価格] 250 万円
[発行枚数] 7,451 枚 [直径] 25.0 ミリ
[重量] 8.75 グラム（金 91.7％、銅 8.3％）
[デザイナー] Robert Scot

巻頭の 2 ページ目で紹介した 10 ドル金貨「ドレープドバスト」と同様に、裏面が "スモールイーグル" と呼ばれるデザインとヘラルディックイーグルと呼ばれるデザインの 2 つに大別される。

"スモールイーグル" は 500 万〜 5000 万円、"ヘラルディックイーグル" は 180 万〜 5000 万円の値段が付いている。

残存枚数の少なさからオークションにあまり登場しない。値段は高いが、コレクションするにはふさわしい金貨といえる。

お宝アメリカ・アンティークコイン 10

ドレープドバストの末弟も、高額コインが続々

2.5 ドル金貨　ドレープドバスト

[発行期間] 1796 ～ 1807 年 [発行枚数] 432 ～ 6,812 枚

参考画像：1802 $2 1/2 MS61 NGC
[2014 年現在実勢価格] 250 万円
[発行枚数] 3,035 枚 [直径] 20.0 ミリ
[重量] 4.37 グラム（金 91.7%、銅 8.3%）
[デザイナー] Robert Scot

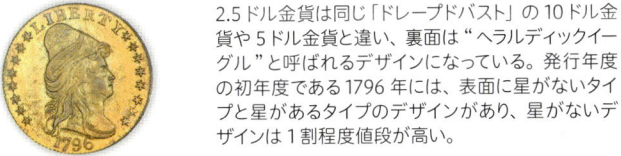

1796　ノースター
1796　スター
1804　13 スター
1804　14 スター
1806　8 スターレフト　5 ライト
1806　7 スターレフト　6 ライト

2.5 ドル金貨なので重さも 4.37 グラムしかないが、発行枚数が少ないこともあり値段は 80 万～ 4000 万円と非常に高額かつ幅広い。発行枚数や、星の数の違い、オーバーデイトなどにより価格差が生じてくる。

たった 11 年間という短い発行期間の中で生じる若干のデザインの違いがここまで価格差を生じさせているのもアメリカ金貨・銀貨の特徴と言えるだろう。

2.5 ドル金貨は同じ「ドレープドバスト」の 10 ドル金貨や 5 ドル金貨と違い、裏面は"ヘラルディックイーグル"と呼ばれるデザインになっている。発行年度の初年度である 1796 年には、表面に星がないタイプと星があるタイプのデザインがあり、星がないデザインは 1 割程度値段が高い。

1804 年には裏面のイーグルの頭の上の星が 13 個のタイプと 14 個のタイプのデザインがある。星 1 個の数が違うだけで、値段は大きく異なる。AU55 グレードを例にとると「13 スター」は実勢価格 3700 万円、「14 スター」は 400 万円と 10 倍近い価格の開きがある。

1806 年には表面の星の配置が違うデザインがある。「8 スターレフト　5 ライト」は左に星が 8 個で右に 5 個、「7 スターレフト　6 ライト」は左に星が 7 個で右に 6 個。当然値段も、AU55 グレードを例にとると「8 スターレフト　5 ライト」は 2014 年実勢価格 340 万円、「7 スターレフト　6 ライト」は 910 万円と 3 倍近い価格の開きがある。

じつは 1806 年の「ドレープドバスト」には、もう 1 つ特徴がある。目を凝らさないとなかなか判別できないが、左の写真は 6 の下に 4 の数字が見え、右の写真は 6 の下に 5 の数字が見える。オーバーデイトと呼ばれるもので、年号の数字に他の年度の数字が重なっているのだ。

お宝アメリカ・アンティークコイン 11

オークションに出たら必ず注目される超激レア金貨

4ドル金貨 ステラ・フローイングヘアー

[発行期間] 1879～1880年 [発行枚数] 35～425枚

参考画像：1879 $4 Flowing Hair PR67 Cameo NGC
[2014年現在実勢価格] 7000万円
[発行枚数] 20枚 [直径] 22ミリ
[重量] 7.0グラム（金86%、銀4%、銅10%）
[デザイナー] Charles E.Barber

たった7グラムの金貨にもかかわらず7000万円。しかし、この値段には理由があり、4ドルステラ金貨の発行年度は1879年と1880年の2年だけだからだ。オークションに出た場合は目玉商品となる。資金に余裕のある方はぜひコレクションの1枚に入れてほしい。

4ドルステラ金貨はすべてプルーフ仕上げとなる。裏面のデザインはイーグルではなく、五芒星が用いられ、モットーも「DEO EST GLORIA（神は栄光である）」と独自の記載がされている。

お宝アメリカ・アンティークコイン 12

髪型の違いで3倍の価格差！

4ドル金貨 ステラ・コイルドヘアー

[発行期間] 1879～1880年 [発行枚数] 10～20枚

参考画像：1879 $4 Coiled Hair PR66 Cameo PCGS
[2014年現在実勢価格] 1億3000万円
[発行枚数] 425枚 [直径] 22ミリ
[重量] 7.0グラム（金86%、銀4%、銅10%）
[デザイナー] George T. Morgan / Charles E.Barber

同じ4ドル金貨ステラでも、さらに稀少性が高いのが"コイルドヘアー"である。

上の"フローイングヘア"は2年で460枚という発行枚数だが、"コイルドヘアー"は1ケタ少ない30枚しかない。表面のデザインはモルガン銀貨のデザイナーである、George T. Morganが手掛けていることもありさらに人気度が高い。"コイルドヘアー"は、"フローイングヘアー"の3倍の価格と考えておけば間違いない。

4ドルステラ金貨発行枚数

	1879年	1880年
フローイングヘアー	425	35
コイルドヘアー	20	10

アメリカで最も有名でコレクターの多い銀貨！

1ドル銀貨 モルガン銀貨

[発行期間] 1878〜1921年 [発行枚数] 250〜44,690,000枚

参考画像：1879-S $1 NGC MS65 DMPL
[2014年現在実勢価格] 14万〜16万円
[発行枚数] 9,110,000枚 [直径] 38.1ミリ
[重量] 26.73グラム（銀90%、銅10%）
[デザイナー] George T. Morgan

[実際のオークション結果]

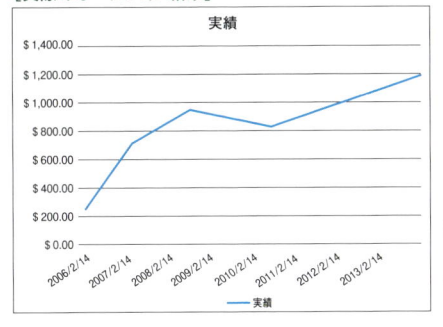

発行枚数が多く、普通に買い物等での支払いに使われていた。1円玉27枚分の約27グラムとかなりの重量である。

モルガン銀貨の大きな特徴として、製造された造幣局によって値段が変わることがあげられるだろう。裏面下部の中央に製造された造幣局を打刻されており、Sはサンフランシスコ製造、CCはカーソンシティ製造、Oはニューオリンズ製造、Dはデンバー製造、マークなしはフィラデルフィア製造。「1889-CC」などは3000万円を超えるコインもある。

100万〜数千万円クラスの激レア年度は以下の表の通り。

2006年2月は258ドルだったが、2014年1月には1200ドルの高値を付けている。8年間で約4.6倍の値上がり。現在の平均価格はおよそ1100ドル。

モルガン銀貨のレア年度

マーク	年度
S	1883年、1884年、1892年、1893年、1895年、1903年
CC	1879年、1889年、1890年、1892年、1893年
O	1886年、1889年、1891〜1897年
D	該当なし
なし	1878年の一部、1891〜1895年

お宝アメリカ・アンティークコイン 14

凛々しいデザインのリバティ金貨

5ドル金貨　**クラシックヘッド**

［発行期間］1834～1838年　［発行枚数］17,179～657,460枚

参考画像：1838 $5 AU55 PCGS
［2014年現在実勢価格］35万円
［発行枚数］286,588枚　［直径］22.5ミリ
［重量］8.24グラム（金90%、銅10%）
［デザイナー］William Kneass

キャップをかぶっていないリバティ（女神）のヘアバンドに LIBERTY の文字が描かれたデザイン。裏面は文字が小さくシンプルなのが特徴。

年度によって異なるが、AU55 のグレードが実勢価格で30万円くらいから購入可能。発行枚数が多く、年度が新しくなると値段も低くなり買いやすくなる。

5ドル金貨だけでも「ドレープドバスト」「キャップドバスト」「キャップドヘッド」「クラシックヘッド」「リバティヘッド」と大別しただけで5種類あり、コンプリートを目指せばコレクションの楽しみがより追求できるだろう。

お宝アメリカ・アンティークコイン 15

全年度コンプリートしやすい、お手ごろ金貨

2.5ドル金貨　**クラシックヘッド**

［発行期間］1834～1839年　［発行枚数］880～547,986枚

参考画像：1835 $2 1/2 AU55 PCGS
［2014年現在実勢価格］22万円
［発行枚数］131,402枚　［直径］17.5ミリ
［重量］4.18グラム（金90.0%、銅10.0%）
［デザイナー］William Kneass

1834～1839年の間に発行され、枚数は880～547,986枚と年度によってかなり開きがある。

最も発行枚数の少ないのが1838Cの年度で、他の年度の6～7倍の値段になっている。180年ほど前の金貨だが、手ごろな値段で手に入る美しい金貨。年度とミント（製造場所）のすべてを合わせても11種類なのでコンプリートしやすい金貨といえる。

なお、1838年と1839年製造には表面首下部分にCのミントマークが入っているものがある。ミントマークがついていない1838と1838Cを比べると、1838Cのほうが6倍程度値段が高い。

レアの1838C年度の「クラシックヘッド」は年号の上にCのミントマークが入っている。

お宝アメリカ・アンティークコイン 16

1907 年のハイリリーフ金貨のリメイク版
2009 ウルトラハイリリーフ・ダブルイーグル金貨

［発行期間］2009 年［発行枚数］115,000 枚

参考画像：PCGS-MS70 PL（プルーフライク）
Edmund C. Moy サイン入り
［2014 年現在実勢価格］75 万〜 80 万円
［発行枚数］115,000 枚［直径］27 ミリ
［重量］31.10 グラム（金 99.99%）
［デザイナー］Augustus Saint Gaudens

参考画像：PCGS-MS70FS（ファーストストライク）
［2014 年現在実勢価格］50 万〜 55 万円
［発行枚数］115,000 枚［直径］27 ミリ
［重量］31.10 グラム（金 99.99%）
［デザイナー］Augustus Saint Gaudens

参考画像：PCGS-MS70 PLFS(プルーフライクファーストストライク)
［2014 年現在実勢価格］275 万〜 285 万円
［発行枚数］115,000 枚［直径］27 ミリ
［重量］31.10 グラム（金 99.99%）
［デザイナー］Augustus Saint Gaudens

巻頭 3 ページの上段で紹介した 1907 年発行の金貨「セントゴーデンズ」の"ウルトラハイリリーフ"の復刻版として 2009 年度だけ発行された純金の金貨。

元の 1907 年の金貨は 4 億円もの値段がついているスーパーレアな金貨であり、美しいデザインと彫りの深さが特徴。

この金貨にはプルーフライクというグレードがあり、プルーフのように綺麗な鏡面仕上げになっている。プルーフライクは通常の MS 仕上げと比べ、グレード 70 では評価額が 2 倍以上高い。

「2009 ウルトラハイリリーフ」も記念コインとなるが、記念コインを集めるコツは必ず最高グレードを買うこと。グレードは必ず MS70 で、きればプルーフライク、もしくはファーストストライクを買うべき。究極はファーストストライクのプルーフライクの MS70 グレードであり、通常の MS70 より 6 〜 7 倍の評価額となっている。実勢価格としては 250 〜 280 万円になる。

1907 年からおよそ 100 年後に復活したわけだが、デザインはかなり異なる。直径は 34 ミリから 27 ミリにサイズダウンされ、純金に変更。サイズダウンしたものの、そのぶん 4 ミリの厚さを持つ金貨に生まれ変わった。

115,000 枚という発行枚数の多さが価格形成に影響を与えるかと思われていたが、アメリカコイン市場の懐の深さゆえか、1 オンスあたり 890 ドル程度の金価格であったにもかかわらず、初期のオークションで MS70 グレードのものが倍以上の 2530 ドルという価格がつけられた。

お宝アメリカ・アンティークコイン 17

ハイリリーフなら激アツ。アメリカ最後の1オンス金貨

20ドル金貨 セントゴーデンズ

［発行期間］1907～1933年 ［発行枚数］1～8,816,000枚

参考画像：1808/7 $5 MS61 NGC
［2014年現在実勢価格］230万円
［発行枚数］55,578枚 ［直径］25.0ミリ
［重量］8.75グラム（金91.7%、銅8.3%）
［デザイナー］John Reich

【実際のオークション結果】

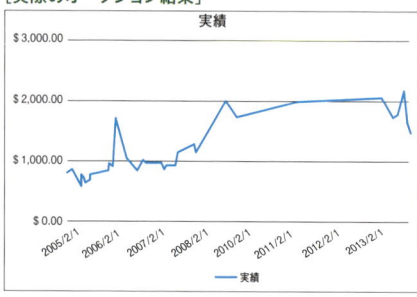

たびたびになるが、アメリカ・アンティークコインのシンボル的存在なので、改めて20ドル金貨「セントゴーデンズ」の種類と特徴を整理しつつ、比較的購入しやすいものもあわせてご紹介したい。

デザインは全部で4種類あり、年度によって異なる。1つ目の超激レアは本書の表紙に使用している1907年発行の"ウルトラハイリリーフ"（3ページ上段参照）。2つ目が同じく1907年発行の"ハイリリーフ・ワイヤーエッジ"（3ページ下段参照）。そして左の写真のコインが3つ目の1908年の"ノーモットー"と呼ばれるデザインで、裏面にモットーが入っていないもの。2014年現在だと23～25万円で購入できる。4つ目が「IN GOD WE TRUST」のモットーが入ったデザイン。1908～1915年にはシルクサテン仕上げのプルーフ金貨も存在する。

2005年2月は777ドルだったが、2013年11月には2150ドルの高値をつけている。8年間で約3倍の値上がり。現在の平均価格はおよそ2000ドル。

お宝アメリカ・アンティークコイン 18

わずか6年間発行のレア金貨

5ドル金貨 キャップドバスト

［発行期間］1807～1812年 ［発行枚数］33,875～100,287枚

参考画像：1808/7 $5 MS61 NGC
［2014年現在実勢価格］230万円
［発行枚数］55,578枚 ［直径］25.0ミリ
［重量］8.75グラム（金91.7%、銅8.3%）
［デザイナー］John Reich

その名前の通り、キャップをかぶったリバティが胸の部分まで描かれているデザイン。年度によって異なるが、AU55グレードで実勢価格150万円くらいから購入可能。

1810年製造には、超レアデザインが存在しており、裏面に表記されている金額の「5」の数字が小さいものがある（Small 5）。通常の「5」の場合AU55グレードで150万円だが、小さな「5」の場合は9倍相当にあたる1200万～1300万円の価値がある。

お宝アメリカ・アンティークコイン 19

ちょっと緩めの帽子が特徴の単年度発行金貨

2.5ドル金貨 キャップドバスト タイプ1・ラージキャップ

[発行期間] 1808年 [発行枚数] 2,710枚

参考画像：1808 $2 1/2 AU58 NGC
[2014年現在実勢価格] 1200万円
[発行枚数] 2,710枚 [直径] 20.0ミリ
[重量] 4.37グラム（金91.7%、銅8.3%）
[デザイナー] Robert Scot

　2.5ドル金貨の「キャップドバスト」は「タイプ1」から「タイプ3」まであるが、途中でデザイナーが変わったり、発行年度が短く、枚数も少ないことがコレクター魂を揺さぶっている。値段は「タイプ1」から「タイプ3」に行くに従い安くなっており、「タイプ1」は1808年だけの単年度発行で、オークションでの最高落札価格は5200万円。キャップをかぶり、胸までデザインされたリバティ絵柄が特徴。

　NGC社鑑定のAU58グレードを一例に挙げると、2000年は落札価格400万円程度であったが、2014年現在の実勢価格はなんと1400万。15年で350%の値上がり率である。

お宝アメリカ・アンティークコイン 20

わずか実質5年間発行の中期モデル

2.5ドル金貨 キャップドバスト タイプ2・スモールキャップ

[発行期間] 1821～1827年（1822～1823年は未発行）[発行枚数] 760～6,448枚

参考画像：1821 $2 1/2 AU58 PCGS
[2014年現在実勢価格] 230万円
[発行枚数] 6,448枚 [直径] 18.5ミリ
[重量] 4.37グラム（金91.7%、銅8.3%）
[デザイナー] Robert Scot

　「タイプ2」は1821～1827年の間発行されているが、1822年と1823年は発行されていないので、実質5年間のみの発行となる。

　表面はリバティのキャップが小さくなり、首から上だけのデザインになった。特徴的なのは直径が18.5ミリと小さくなったこと。レア年度は1826年度で760枚しか発行されておらず、他の年度の値段の倍になっている。

　価格は「タイプ1」の6分の1ほどではあるが、簡単に入手できるわけではない。最も発行枚数が多い1821年でさえ、NGC社鑑定で6枚、PCGS社鑑定で1枚と稀少である。オークションへの登場も1995年から2014年の期間わずか5回だけしか出品されておらず、チャンスを逃せば数年間見ることさえも叶わないだろう。

お宝アメリカ・アンティークコイン 21
デザイナー変更の第三世代

2.5ドル金貨 キャップドバスト タイプ3・スモールキャップ

[発行期間] 1829〜1834年 [発行枚数] 3,403〜4,540枚

参考画像：1829 $2 1/2 AU58 PCGS
[2014年現在実勢価格] 160万円
[発行枚数] 3,403枚 [直径] 18.2ミリ
[重量] 4.37グラム（金91.7%、銅8.3%）
[デザイナー] William Kneass

「タイプ3」は1829〜1834年の間発行されており、いずれの年度も3,000〜4,000枚程度の発行枚数となる。最終年度の1834年のみ、他年度の倍の値段になっている。

デザイナーがRobert ScotからWilliam Kneassに変わり、リバティの顔のデザインも変更されている。直径は18.2ミリとさらに小さくなった。「タイプ1」「タイプ2」同様に入手は困難である。オークションで見かけたら、何としても手に入れたい。

お宝アメリカ・アンティークコイン 22
26.73グラムと重量感たっぷりの1ドル銀貨

1ドル銀貨 リバティ・シーテッドダラー

[発行期間] 1840〜1873年 [発行枚数] 700〜515,000枚

参考画像：1843 $1 AU55 NGC
[2014年現在実勢価格] 25万円
[発行枚数] 165,100枚 [直径] 38.1ミリ
[重量] 26.73グラム（銀90.0%、銅10.0%）
[デザイナー] Christian Gobrecht

プルーフ仕上げ
ノーモットー

プルーフ仕上げ
モットー

表面は右手に盾、左手にキャップを持った美しいリバティが腰かけているデザイン。裏面は、羽を広げた精悍なワシが描かれている。

とても美しく人気が高い。700〜515,000枚と、年度によってかなり発行枚数に開きがあり、最も発行枚数の少ないのが1873-S年度。そしてこの年度の残存枚数はなんと0枚。もし見つかれば、グレードにもよるが数百万から数千万円になりそう。ただし、この銀貨は15〜20万円で買えるものも多数あり、プルーフ加工されたものも手ごろの価格で購入することができるのが特徴。1862年のプルーフ62グレードは、550枚とかなり少ない発行枚数にもかかわらず2014年実勢価格で45万円程度。プルーフ金貨では数百万円から数千万円になることもあるが、シーテッドダラーであれば25万円程度から探すことができる。プルーフ銀貨は、いぶし銀のように黒い色、虹のようなカラフルな色、鏡面のようにきれいな銀色があり、1枚1枚が個性的だ。

〈著者プロフィール〉

石山　幸二（いしやまこうじ）

1966年生まれ。株式会社トレーディングリブラ代表取締役、投資コンサルタント。

2008年にそれまで勤めていたジャスダック上場の大手アパレル企業を退職後、投資家へ転身。独立後3年で、不動産やインターネットを駆使したFX中心の投資関連で資産1億円を構築。しかし2010年のシンガポール移住後、手持ち資産を元に手を出したさまざまな投資がことごとく失敗して4000万円を失う。そうした経験や友人・知人の失敗例を参考にしながら、現物投資中心のポートフォリオを構築。中でも、本書で紹介したコイン投資ではスタート後1年で3000万円を稼ぐ。現在はコイン投資をよりスムーズに行なうために日本に戻り、その手法を伝えるべく日本国内に展開中。

連絡先　magmag@lucky.biglobe.ne.jp

※本書で示した意見によって読者に生じた損害、及び逸失利益について、著者、発行者、発行所はいかなる責任も負いません。投資の決定は、ご自分の判断でなさるようお願いいたします。

コイン投資入門

2014年11月29日　　初版発行
2020年12月21日　　2刷発行

著　者　石山幸二
発行者　太田　宏
発行所　フォレスト出版株式会社
　　　　〒162-0824 東京都新宿区揚場町2-18　白宝ビル5F
　　　　電話　03-5229-5750（営業）
　　　　　　　03-5229-5757（編集）
　　　　URL　http://www.forestpub.co.jp

印刷・製本　萩原印刷株式会社

© Kouji Ishiyama 2014
ISBN978-4-89451-644-1　Printed in Japan
乱丁・落丁本はお取り替えいたします。

知っている人だけが得をする
コイン投資入門

本書の読者限定の **無料プレゼント！**

アメリカ・アンティークコイン投資を
始める第一歩に！

1ドル モルガン銀貨レア年表
（PDFファイル）

本書の巻末でも紹介した1ドルの「モルガン銀貨」は、デザインの美しさ・大きさ・重量感で、世界的にとても人気のあるコイン。しかし、比較的安価で購入できる種類もあるなど、コイン投資のスタートにはふさわしい逸品です。

主な内容
◎エラーがある（ゆえに価値がある）年度の解説
◎XF45～MS69までのモルガン銀貨比較
◎MS63、MS65グレードのモルガン銀貨レア年表

※PDFファイルはホームページからダウンロードしていただくものであり、小冊子をお送りするものではありません。

▼無料PDFファイル「1ドル モルガン銀貨レア年表」はこちらにアクセスしてください。

今すぐアクセス

http://www.forestpub.co.jp/coin

【無料プレゼントの入手方法】　フォレスト出版　検索（半角入力）

ステップ①　Yahoo!、Googleなどの検索エンジンで「フォレスト出版」と検索
ステップ②　フォレスト出版のホームページを開き、URLの後ろに「coin」と半角で入力